出口海陆仓
融资质押率优化研究

RESEARCH ON THE OPTIMIZATION OF LOAN-TO-VALUE RATIOS IN EXPORTING OFFSHORE/IN-TRANSIT INVENTORY FINANCING

王滋承 ◎ 著

经济管理出版社
ECONOMY & MANAGEMENT PUBLISHING HOUSE

图书在版编目（CIP）数据

出口海陆仓融资质押率优化研究/王滋承著．—北京：经济管理出版社，2019.7
ISBN 978－7－5096－6768－2

Ⅰ．①出…　Ⅱ．①王…　Ⅲ．①国际海运—物流企业—企业融资—研究—中国
Ⅳ．①F259.23

中国版本图书馆CIP数据核字（2019）第163430号

组稿编辑：杜　菲
责任编辑：杜　菲
责任印制：黄章平
责任校对：陈晓霞

出版发行：经济管理出版社
（北京市海淀区北蜂窝8号中雅大厦A座11层　100038）
网　　址：www.E－mp.com.cn
电　　话：（010）51915602
印　　刷：北京晨旭印刷厂
经　　销：新华书店
开　　本：720mm×1000mm/16
印　　张：10.5
字　　数：146千字
版　　次：2019年7月第1版　　2019年7月第1次印刷
书　　号：ISBN 978－7－5096－6768－2
定　　价：68.00元

前　言

自2008年金融危机后，存货质押融资等物流金融服务不断深化，国际贸易和跨境电商不断发展，如何将陆上与海上存货质押融资业务有机连接，解决进/出口中小型企业融资难题，已成为海运物流公司应对市场竞争、创新供应链增值服务的重要新课题。出口海陆仓融资就是一种将进出口贸易与海运物流相结合的海陆联合供应链金融新模式，具有质押过程异国化和质押期限延长化的特性。出口海陆仓融资不仅可以帮助中小企业解决出口业务资金不足的难题，同时也为海运物流公司带来新的利润增长点。然而，在出口海陆仓融资海陆联合质押过程中，海运物流公司会面临着质押物价值波动风险、中小企业的信用风险和违约风险，需要通过设定一个科学合理的质押率，以控制风险并提高利润。因此，研究出口海陆仓融资质押率优化具有重要的理论意义和实践价值。

本书针对出口海陆仓融资质押率优化问题，综合运用供应链系统全局优化理论、双重Stackelberg主从对策博弈理论以及出口海陆仓融资下的条件概率原理，逐步递进地构建需求波动、价格波动、需求与价格联动以及基于信用额度和双重违约概率条件下的出口海陆仓融资系列优化模型。主要研究思路与特色如下：

首先，研究了需求波动下的出口海陆仓融资质押率优化问题。通过对需求波动情况下海运物流公司、出口商和进口商履约情形的分析，得出不同情形下三方各自的期望利润和总利润函数，构建了出口海陆仓融资质押率分段函数优化模型，并利用逆向归纳法推导得到了最优质押率。研究表明：在需求不确定条件下，海运物流公司应根据不同的博弈策略，结合进/出口商购买和出售货物价格的变化，设定出合理的质押率，以提高供应链的整体利益。

其次，研究了价格波动下的出口海陆仓融资质押率优化问题。通过分析出口海陆仓融资各种情形的发生概率，构建了海运物流公司期望利润分段函数模型，利用解析法设计了最优质押率的求解步骤。研究表明：当出口商有多次融资需求时，海运物流公司应密切关注每次贷款期初质押物价格的变化情况，根据价格的升高（或降低）来优化调低（或调高）其质押率。当出口商违约概率上升、还贷时间延长，或融资服务费率设定较高时，海运物流公司应制定出较低的合理质押率；反之，则制定出较高的合理质押率。海运物流公司应针对以往处理剩余质押物时价格折扣的变化情况进行预测，根据价格折扣的增加（或减少）来优化调高（或调低）其质押率，以规避风险并提高利润。

再次，研究了需求与价格联动下的出口海陆仓质押率优化问题。针对价格服从几何布朗运动规律，且与需求呈线性负相关关系的出口海陆仓质押率优化问题，通过分析出口海陆仓融资各种情形的发生概率，构建了海运物流公司期望利润分段函数模型，利用数值逼近法和解析法得到了最优质押率。研究表明：当出口商有多次融资需求时，海运物流公司应密切关注每次贷款期初质押物价格和数量的变化情况，根据价格和质押量的升高（或降低）来优化调低（或调高）其质押率，或调整其发放给出口商的贷款本金，以获取最大利润。

最后，研究了基于信用额度和双重违约概率下的出口海陆仓质押率优化问题。针对出口商信用、出口商与进口商外生违约以及质押物价值波动三重叠加风险下的出口海陆仓融资决策问题，在设定出口商信用额度，且给定出口商和进口商外生违约概率的前提下，依据双重Stackelberg博弈原理，建立了进口商订货量与出口商货物价格联动模型，以及出口商货物价格与海运物流公司质押率联动模型，对最优质押率进行了推导，并采用逆向归纳法求解。研究表明：①海运物流公司应同时考虑进口商和出口商的违约风险问题，以获得更高的期望利润。②海运物流公司应针对出口商的信用水平和以往的违约情况进行评估，对于已被设定较高信用额度或违约风险较高的出口商，海运物流公司应制定较低的质押率；反之，则应制定较高的质押率。③海运物流公司应敦促进/出口双方设定有约束力的违约惩罚系数，并根据此违约惩罚系数的增大（或减小）来优化调高（或调低）其质押率，以提高利润并降低风险。

笔者在编写本书的过程中得到了行业内相关专家、学者的无私帮助，同时参阅了国内外同行的许多学术研究成果、网站资料等，并得到了山东科技大学的大力支持，在此对相关人士一并表示衷心的感谢！

由于笔者水平有限，编写时间仓促，所以书中错误和不足之处在所难免，恳请广大读者批评指正。

目 录

第一章

绪论

随着当前国际贸易和跨境电商的不断发展，进出口贸易与海运物流相结合的海陆联合供应链金融新模式逐渐受到重视，海陆仓存货质押融资（以下简称海陆仓融资）业务应运而生。海陆仓融资以企业在库和在途存货作为质押物，既能为中小企业进出口贸易提供融资服务，也为银行和海运物流公司带来了新的利润增长点。

一、研究背景与意义

改革开放 40 年来，我国对外贸易持续高速发展，据海关统计，货物进出口总额由 1978 年的 355 亿元增长至 2018 年的 305044 亿元，其中出口额年均增长速度高达 40.67%。同时，随着跨境电商的迅猛发展，我国中小企业外贸进出口业务量逐渐增多，对资金融通的需求也在不断增加（郑红明，2016）。然而，由于当前中小企业大多存在固定资产不足、信用等级较低、财务制度不健全的问题，因此银行等金融机构为了控制风险，几乎无法为中小企业提供固定资产抵押担保贷款和信用贷款等融资服务。此外，银行对中小企业的原材料、在制品、库存和在途物资等流动资产控制不便，监管难度较大，对其产品缺乏质量衡量标准和估价能力，针对此我国多数中小企业很难直接从银行获得融资，亟需一种新型的融资模式来缓解当前融资困难的情况（王文利等，2013）。

供应链金融作为一种将物流与金融相结合的创新性产品，有效地解决了中小企业面临的融资难问题，正在创造巨大的市场价值（Lu et al.，2009）。该业务将有实力的第三方物流企业纳入中小企业融资贷款流程，当中小企业以动产作为质押物向银行申请贷款时，由物流企业代替银行等金融机构评估中小企业质押物的市场价值，运输、储存和监管质押物，甚至在中小企业无法还贷时，寻找合适的买家变卖剩余质押物以弥补贷款资金敞口。通过第三方物流企业的介入，供应链金融这种新型融资模式得以迅速发展。创新发展供应链金融业务，能够为供应链上下游的中小企业提供更为高效便捷的融资渠道（李建军和朱烨辰，2015）。

此外，海运作为国际贸易最主要的运输方式（Raluca et al.，2010；O'Keeffe et al.，2016），承担了90%以上的外贸货物进出口运输量（杨忠振和郭利泉，2016）。然而，自2008年金融危机以来，全球经济复苏乏力，国际海运市场需求总体呈现下降趋势，海运物流公司之间的竞争不断加剧，行业的深度调整让全球海运市场进入了全新的竞争格局（廖宇智，2018；许遵武，2014）。因此，创新开展海运供应链金融服务，解决我国中小企业进出口贸易融资难的问题，已成为海运物流公司应对市场竞争、创造新的利润增长点的重要手段。

目前，UPS等实力雄厚的第三方物流企业已经开展了供应链金融业务，为有融资需求的客户提供物流增值服务。中国远洋海运集团有限公司、中国外运长航集团有限公司等实力较强的海运物流公司，则联合中国的交通银行、招商银行等，极力发展针对海运远距离运输的供应链金融服务（方伟磊，2016）。例如，中国远洋海运集团广州公司联合湛江港推出了海陆仓业务；中国远洋海运集团天津公司专门成立了供应链金融服务中心，并与交行天津分行合作推出了海陆仓融资服务（王美英，2014）。此外，马士基航运集团也正在尝试开展与航运金融相关的业务。不同于一般的陆上存货质押融资业务，海陆仓融资能够将在陆上仓库的货物质押与海上在途的货物质押相连接，为中小企业进出口贸易提供一种全程的存货质押融资服务，这对供应链金融创新提出了新的课题，也对海运物流增值服务形成了新的挑战。

在开展海陆仓融资业务的过程中，海运物流公司需要同时承担陆上仓储与海上运输质押货物的职责，同时监管和评估该批质押物的市场价值与流动性，在银行授信情况下，依据该批质押物的市场价值以一定比例向进出口型中小企业发放贷款，其自身通过向中小企业收取海运费和融资服务费获利，所有风险和盈亏自负。因此，与一般的物流公司开展陆上存货质押融资业务相比，海运物流公司开展海陆仓融资业务获利来源具有多样性，但承担的职责更多，所面临的风险也更广。

根据海运贸易进口和出口业务流程的不同，海陆仓融资可分为进口海陆仓融资和出口海陆仓融资两种类型。进口海陆仓融资是指海运物流公司将海上在途的货物质押与目的地仓库的货物质押连接，为进口商提供的一种货物质押融资模式；出口海陆仓融资是指海运物流公司将其在发货地仓库的货物质押、海上在途的货物质押以及目的地仓库（境外监管仓）的货物质押连接起来，为出口商提供的一种全程货物质押融资模式（王滋承等，2017）。由此可知，相比于一般的存货质押融资业务和进口海陆仓融资业务，出口海陆仓融资的业务流程更为复杂和全面，陆—海—陆联合质押过程中面临的风险也更具有多样性。因此，出口海陆仓融资优化研究具有非常重要的科学意义，有助于提高海运物流公司决策的科学性，能够拓展供应链金融管理的理论与方法。

此外，出口海陆仓融资优化研究还具有十分重要的应用价值。海运是国际贸易最主要的运输方式，在当前中小企业进出口贸易大都面临融资困难的新形势下，海运物流公司开展物流金融服务既迎来了无限的商机，也面临着严峻的挑战。因此，创新海运供应链金融增值服务已成为海运物流公司关注的热点问题。同时，“一带一路”倡议背景下，跨境贸易与海运物流金融相融合成为我国跨境电商普遍关注的问题。从国家战略需求角度而言，高效的海运贸易物流系统是推进“21 世纪海上丝绸之路”建设的重要基础，通过海运供应链金融一体化服务方式促进海上丝绸之路贸易与物流的发展也受到了各界的广泛关注，而将陆上仓储与海陆联运相结合的出口海陆仓融资是其中的关键问题。本书有关出口海陆仓融资优化的研究可以为这些问题的解决提供决策参考和应用指南。

二、文献述评

当前国内外学者针对质押融资问题已经开展了大量有益的研究，主要可以分为供应链金融问题研究和存货质押融资问题研究两大方面。通过分析这些文献，在掌握研究现状和趋势的基础上，归纳总结出当前研究的主要内容和方法论，并发现研究的不足之处，从而引出本书的主要研究内容与整体思路，为下文构建不同情况下出口海陆仓融资优化模型提供指导。

（一）供应链金融问题研究

供应链金融作为解决中小企业融资难的有效方式，近年得到实践界与理论界的广泛关注（宋华和卢强，2017）。学者们对供应链金融问题进行了许多有益的研究，主要可以分为两类：一是对供应链金融协同机制进行探讨；二是对供应链金融中的风险进行控制。具体研究动态如下：

1. 供应链金融协同机制研究

供应链金融业务中主要有四大参与主体，即银行、第三方物流企业、核心企业与上下游中小企业，各主体之间的协同合作是供应链金融业务开展的前提条件。Seifert 和 Seifert（2011）认为缺乏供应链协作会极大地限制供应链金融发挥效用。Raghavan 和 Mishra（2011）通过研究也发现，当制造商或零售商存在资金约束时，采用供应链金融协同决策对业务各参与主体都有益处。Berger 和 Udell（1998）将合同的设立看作实现供应链金融业务参与方协同合作的保障，认为有效的合同可以促使银行和企业以完整的过程完成谈判。Duan（2010）则建立了在紧急状况下令供应链金融损失最小的合作决策机制。随后，Kong 等（2011）对供应链金融的协同合作管理问题进行了深入探讨，运用系统动力学原理，建立融和物流、信息流、资金流的供应链金融仿真模型，得到资金流和融资政策对供应链绩效的影响。通过实践他们发现，供应商回购能有效鼓励银行为零售商贷款，从而既降低了零售商破产的风险，也提高了其向供应商订货的动力，达到了供应链协同的目的。基于此，Chen 和 Chen（2014）以及 Song 等（2008）从供应商回购模型的角度对供应链金融协同合作进行了研究，其中，Chen 和 Chen（2014）提出了钢铁行业里的一种供应商回购的供应链金融模式，并且与商业信用模式进行了比较；Song 等（2008）将零售商面临的不确定性需求函数分为确定性部分和随机部分，证明了最优回购合同与不确定性的随机分布无关。

杨斌等（2016）从供应商回购的角度，建立了包含供应商、零售商和银行在内的 Stackelberg 三方博弈模型，求解出最优边界。金伟和骆建文（2018）继续利用三方博弈关系，通过构建包含供应商、零售商以及银行在内的供应链融资模型，对供应商的最优信用契约决策、零售商的最优库存决策以及银行的最优利率决策进行了同步优化。方磊等（2018）将零售商的销售努力程度和供应链的运营融资问题结合，研究供应链的最优运营策略和融资策略。

2. 供应链金融风险控制研究

在供应链金融业务中，银行和第三方物流企业除了面临着质押业务的操作风险之外，通常还面临着质押物市场需求和价格波动风险、中小企业信用风险和违约风险等情况。针对需求波动风险，李超和巫丹（2016）假设市场需求随机波动且与销售努力水平呈正相关，研究了风险中性和损失规避情形下银行的最优质押率决策，以及零售商的最优质押量和销售努力水平决策。针对价格波动风险，王建和何娟（2016）将外部系统性风险因素考虑进质押物长期价格风险预测中，建立了 GARCH – MIDAS 价格风险测度模型，为银行以及物流企业的供应链金融风险管理决策提供了量化基础。针对中小企业信用风险，Yan 和 Sun（2013）将银行为零售商设定的信用额度作为风险控制指标，应用 Stackelberg 博弈理论，得到银行的最优信用额度决策、零售商的最优订货决策以及生产商的最优批发价格决策。范方志等（2017）建立了供应链金融模式下企业信用风险的评价体系和评价模型，以及银行、核心企业和中小企业的三方博弈模型，依据评价结果和博弈结论，在分险分担原则下为供应链金融各参与主体提供了政策建议。

（二）存货质押融资问题研究

存货质押融资模式是供应链金融业务里一种更为灵活的质押融资模式。国内外学者基于供应链金融的研究方法，针对存货质押融资模式的特点与流程，对存货质押融资问题进行了更为详细的定性分析与定量研究。

存货质押融资业务最早起源于20世纪40年代的美国，国外学者率先对存货质押融资问题开展了理论性研究（江玮璠等，2015）。Friedman（1942）、Koch（1948）、Burman（1948）、Dunham（1949）总结了存货质押融资和应收账款质押融资的法律环境、业务模式、质押流程和存货监管方式。Eisenstadt（1966）和Guttentag（1957）研究了20世纪50年代存货质押融资的风险控制方法、业务流程以及质押融资的可行性。Miller（1982）分析了20世纪70年代以来存货质押融资的商业模式，总结了存货质押融资与传统融资方式相比的新特征。Lacroix和Varangis（1996）通过比较美国与一些发展中国家在开展存货质押融资业务上的异同，得出存货质押融资更适用发展中国家的结论，并给出了具体融资方案。Barnett（1997）则分析了存货质押融资业务中的主要参与方及其各自的业务范围。

在我国，存货质押融资业务与其他国家相比出现较晚，国内学者对该业务的研究也开展得相对较晚。陈淮（1987）率先将企业的物流与资金流联系起来，首次提出了“物资银行”的概念与假想。但由于早期的存货质押融资业务受到法律环境的约束，因此直到1999年中国物资储运集团有限公司才与金融机构合作，正式开展了第一笔存货质押融资业务。此后，罗齐等（2002）提出了“融通仓”的定义，分析了融通仓模式下信用担保贷款流程及运营模式。涂川等（2004）探讨了存货质押融资模式的优缺点及具体运作方式。李毅学等（2007）从国家法律制度、物流业发展水平、金融业内外部环境和业务基本要素等方面，比较分析了国内外开展存货质押融资业务的相同点与差异，对中国未来开展存货质押融资业务提出了系统性的对策建议。

近年来，随着经济和国际贸易的不断发展，中小企业的贷款需求逐渐增加，存货质押融资业务迅速普及，国内外学者也随之开展了大量有益的研究。当前研究的动向主要包括质押融资业务中各决策主体的博弈关系分析、融资优化模型构建、融资风险管理和海陆仓融资四个方面，具体情况如下：

1. 存货质押融资博弈关系分析

在存货质押融资业务中，存在着银行、物流企业、融资企业及其上下游合作企业，它们都是基于彼此间的博弈关系而做出各自最优决策的。因此，博弈关系的分析是开展存货质押融资业务的首要任务，是存货质押融资优化模型构建的基础。

针对存货质押融资业务中银行、第三方物流企业、融资企业各方间的博弈关系，Abad 和 Jaggi（2003）、Caldentey 和 Haugh（2009）及 Dada 和 Hu（2008）运用动态博弈原理研究了两方决策主体间的 Stackelberg 博弈关系，其中，Abad 和 Jaggi（2003）在融资企业利润最大化框架下，给出了需求为价格弹性时，零售价格和信用期限的确定方法，分析了企业之间的 Stackelberg 主从对策博弈关系。Caldentey 和 Haugh（2009）分析了融资企业可进行质押和金融套期时的合约设计问题，研究了供应链上融资企业与贷款企业间在质押和金融套期中的 Stackelberg 博弈决策问题。Dada 和 Hu（2008）通过运用银行与融资企业间的 Stackelberg 博弈方法，以银行和融资企业各自期望利润最大化为目标，构建了银行贷款利率和融资企业订货量决策模型。另外，李健等（2017）通过引入声誉效应，建立了一个关于物流企业声誉机制与显性机制相结合的委托代理模型，对银行如何有效激励物流企业提出了相应建议。于辉和甄学平（2010）运用

VaR 风险计量方法，以银行作为主导者，融资企业作为跟随者，研究了银行追求利润最大化和权衡风险收益两种情形下的 Stackelberg 动态博弈决策问题。李毅学等（2011）通过借款企业和物流企业的 Stackelberg 动态博弈，分析下侧风险规避的物流企业的质押率决策，研究表明，在统一授信模式下，下侧风险规避的物流企业必须针对不同借款企业的再订购决策反应设定相应的质押率才能使决策最优。温源和叶青（2011）研究了银行先决定利率与质押率、融资企业再决定采购量的 Stackelberg 博弈模型。鲁其辉等（2014）分析了以银行为主导方、融资企业为从方的 Stackelberg 博弈关系，以融资企业和银行各自利润最大化为目标，研究融资企业的最优生产决策和银行的最优采购融资利率。柴正猛和段黎黎（2017）运用 Stackelberg 动态博弈理论分析了银行的最优质押率决策、融资企业的最优质押量和最优生产决策。

考虑到供应链中融资企业与供应商合作关系，Lee 和 Rhee（2010）、易雪辉和周宗放（2011）、Yan 和 Sun（2013）分析了融资企业、供应商和银行三方之间的双重博弈关系，研究了存货质押融资双重 Stackelberg 博弈方法。其中，Lee 和 Rhee（2010）假定第一重博弈中供应商为领导者而融资企业为跟随者，第二重博弈中银行为领导者而融资企业为跟随者，他们运用双重 Stackelberg 博弈方法，构建以各自期望利润最大化为目标的融资企业订货量决策、供应商批发价格决策和银行的贷款利率决策优化模型。易雪辉和周宗放（2011）在进一步假定第一重博弈中供应商为领导者而融资企业为跟随者，第二重博弈中银行为领导者而融资企业和供应商为共同跟随者的前提下，构建了双重 Stackelberg 博弈模型。Yan 和 Sun（2013）基于中小企业信用额度，运用银行、融资企业和供应商三方之间的双重 Stackelberg 博弈方法，实现了决策主体两两之间的协同博弈均衡。

由上述研究可见，Stackelberg 博弈是供应链优化和存货质押融资领域的一种有效优化方法，许多学者对供应链优化中的 Stackelberg 博弈模型进行了拓展和对比。典型研究，如叶飞和李怡娜（2007）采用 Stackelberg 模型与 Nash 协商模型来设计回购契约，以达到供应链整体收益最优。张璟等（2015）借助演化博弈理论，建立了存货质押融资中银行和物流企业的演化博弈模型。陶政旭和周根贵（2016）运用演化博弈理论建立了物流企业与融资企业的博弈模型。朱国军和许长新（2012）从融资企业违约风险评估与银行承担风险程度两个维度依据协商均衡博弈原理，将 Stackelberg 博弈模型求解问题转化为不对称 Nash 均衡博弈求解，并运用 VaR 风险计量等方法确定银行最优质押率，探索达到纳什均衡的情境。何娟等（2012）引入“双边决定市场”的思路，运用机制设计理论建立由物流企业作为先行决策者的 Stackelberg 博弈模型的扩展模型，以规避逆向选择与道德风险以及团队成员之间的合谋问题。程帆（2016）通过构建非合作博弈模型，探讨销售商的再订购决策和第三方物流质押率决策之间的博弈行为，基于夏普利值方法建立了联盟合作博弈模型，得到联盟收益分配方式。

2. 存货质押融资优化模型构建

建立存货质押融资优化模型是各融资决策主体利益最大化的核心任务。存货质押融资决策内容主要包括银行或第三方物流企业的质押率决策、贷款利率决策，以及同步获得的融资企业的订货量、质押量和质押物定价决策等。其中，质押率和贷款利率是各决策主体追求利益最大化的主要指标，国内外学者对此开展了大量的研究，取得了许多重要的研究成果。

在质押率决策方面，Jokivuolle 和 Peura（2003）、Cossin 和 Huang（2003）都考虑了融资企业违约概率对最优质押率的影响。其中，Jokivuolle 和 Peura（2003）采用结构式方法，即通过构建质押物价值和违约概率联动函数，建立了考虑风险债务的质押率优化模型。Cossin 和 Huang（2003）则采用简化式方法，即将企业的违约概率设为外生变量并给定，构建了与银行风险承受能力相一致的质押率优化模型。此外，部分学者分别针对质押物价格和需求的波动情况对质押率进行优化。在考虑质押物价格波动方面，Gan 等（2008）将下侧风险控制措施应用在存货质押融资决策中，建立了物流企业的质押率优化模型。陈云等（2015）针对存货质押的变现和价格风险，建立了简化式多周期动态质押率设定模型。张兴国和刘鹏（2012）将质押率作为质押贷款定价和风险控制的关键，考虑价格波动、企业减排水平、违约和国家宏观经济等风险，构建了 CERs 收益权质押融资业务的质押率模型。

在考虑质押物需求波动方面，白世贞和徐娜（2013）以需求不确定下的物流金融机构利润最大化为目标，构建了控制下侧风险的质押率优化模型。张钦红和赵泉午（2010）运用需求服从一般分布的均值方差模型假设，构建了具有不同风险偏好的银行质押率决策模型。孙喜梅和赵国坤（2015）假设质押品市场需求为典型的报童模型，构建了考虑供应链信用水平的银行质押率决策模型。李富昌和王桦（2016）在上述研究的基础上，继续假定融资企业违约概率外生且给定，同时针对需求的波动情况构建了期末价格服从对数正态分布的存货融资质押率优化模型，并研究对数收益率、对数波动率、贷款利率、贷款周期及违约概率对最优质押率和最大期望利润的影响，但此研究并未考虑需求与价格之间的函数关系。申光龙等（2017）则在当前质押率决策影响因素分析和研究的基础上，进一步引入融合了专家经验和专业知识能力的 D－S 证据理论，提出一种能够反映多样性与演变性的质押率优化模型。

在贷款利率决策方面，Besanko 和 Thakor（1987）、Chan 和 Thakor（1987）通过构建贷款利率与质押物的组合模型，证明了高风险的融资企业应该选择高利率和低要求的质押物，而低风险的融资企业则应选择低利率和高要求的质押物。Ye和He（2014）建立了价格服从一定波动规律下的贷款利率模型。Buzacott和Zhang（2004）考虑融资企业还款过程中的行为及违约风险控制因素构建了银行贷款利率决策模型。Boot等（1991）通过对融资企业道德风险的规避作用分析，构建了银行贷款利率决策模型。金武等（1996a，1996b）分别针对完全竞争和不完全竞争的市场，以贷款利率、抵押品价值和信贷配给（企业获得贷款的可能性）作为信贷合同的决策指标，以银行在追求期望利润最大且不降低企业期望利润为目标，得到帕累托最优结果，为银行给何种企业贷款提供了理论指导。易雪辉和周宗放（2012）考虑了供应商回购担保下的银行质押融资定价问题，构建了质押率和贷款利率的最优决策组合模型。朱文贵等（2007）研究了延迟支付方式下物流企业提供存货质押融资服务的定价方法，构建了贷款利率优化模型。陈祥锋等（2008）研究了当融资企业存在资金限制约束时从资本市场获得融资服务以实现自身的最优采购策略，并探讨了融资服务对供应链绩效的影响，构建了银行的贷款利率决策、融资企业订购决策及供应商批发价格决策模型。

上述有关质押率和贷款利率的文献都是将这两个指标当作决策变量。此外，也有部分学者从融资企业的角度出发，将质押率和贷款利率看作定量，重点对融资企业的订货量和质押量决策进行优化。典型研究如，Xu和Fu（2010）针对需求波动下单周期的存货质押融资优化问题，将期望投资收益率和贷款利率设为定值，研究借款企业的最优质押量决策。徐鹏和王勇（2011）将贷款价值比率（质押率）和贷款利率设为已知参数，分别针对质押物价格不变、质押物价格服从一般分布和三种具体分布规律等情况，研究融资企业的最佳订货周期和订货量决策。江玮璠等（2015）也假定质押率和贷款利率已知，构建了多批次存货质押库存管理模型，以零售商期望利润最大化为目标，得到其最优质押次数；随后，江玮璠和万冰蓉（2017）又构建了需求随机下的多品种存货质押库存管理模型，通过分析融资企业的期望收益，优化每种商品的质押量和采购量。孙海雷等（2016）假定在已知质押率和贷款利率的前提下，以融资企业期望利润最大化为目标，得到其最优质押量决策。

3. 存货质押融资风险管理研究

风险管理控制是决定存货质押融资业务成败的关键任务，采取有效的价值风险控制方法对存货质押融资业务的发展有着重大意义（陈宝峰等，2007）。存货质押融资是一种不同于传统的固定资产抵押担保融资或信用融资的创新型融资模式，在此模式下，银行等金融机构会面临各种不同的风险，如操作风险、质押物市场价值波动风险、融资企业信用风险和违约风险等，风险控制直接影响质押融资业务开展的规模与水平。

国内外学者关于存货质押融资风险管理控制做出了许多有益的探索。He 等（2015）针对银行在存货融资业务中面临的风险，建立了自回归移动平均指数广义自回归条件件异方差—极值理论模型和多元 Copula 模型，通过蒙特卡洛模拟提出了一种具有时变波动性的长期极端价格风险度量方法，其结果表明，基于该方法获得的动态质押率区间能有效降低银行损失和提高风险覆盖率。Zhang 等（2017）针对存货质押融资业务下中小企业贷款过程中的问题，假定金融市场环境具有奈特氏不确定性的特点，运用等价鞅测度法，建立了质押物价格呈几何布朗运动规律时银行最大和最小风险偏好下的质押率优化模型，并应用倒向随机微分方程得到了最优质押率的区间解。Liao 等（2015）为防止质押物市场价格下跌给银行带来的风险，将借款企业的财务和采购情况纳入 VaR 价值风险模型中，得到了与银行贷款风险极值相对应的质押率临界值。Chen 和 Murata（2016）针对融资企业违约风险和质押物市场价值波动风险，假定企业存在一定的违约概率且质押物价格服从对数正态分布规律，建立了银行期望收益模型，通过设计混合遗传算法得到了银行的最优质押率。Hu等（2015）基于报童模型，针对质押物需求随机情况，分别建立了风险中性和风险规避条件下的分销商收益最大化模型，得出当融资成本增加，订单量和融资金额不管增加或是下降，经销商的收益和收益率都会下降的结论。Lai等（2009）则研究了资金约束下的存货质押融资对供应链风险的共享作用。Frye等（2000）根据经济波动估计质押品预期损失，以此作为信贷资金基础，降低仓单质押抵押品受损后的风险。

另外，何娟等（2012）研究了基于收益率自相关特征的存货质押动态质押率设定问题，提出长期风险 VaR 计算解析式，得出与银行风险承受能力相一致的质押率。李毅学等（2011）通过研究统一授信模式下质押率的设定来控制贷款风险，参考“主体 + 债项”的风险评估思路，从银行贷款定价模式的角度研究存货质押融资风险问题，给出委托监管下存货质押融资的关键风险控制指标。刘妍和安智宇（2014）考虑了存货质押融资过程中货物的流动性风险，采用基于变现时间的 VaR 方法，对质押存货的 VaR 值进行流动性调整，对质押率进行优化研究。赵雪（2014）利用逆向归纳法计算借方违约风险，构建动态库存管理下物流企业参与存货质押融资的风险—收益决策模型。匡海波等（2014）建立了低碳港口物流约束条件下质押贷款组合优化决策模型，得出单笔港口货类质押贷款的 VaR 质押率，为规避港口货价变动和客户信用造成的质押风险提供了决策依据。

上述文献中提到的风险主要是指质押物价值波动风险或笼统概念下的风险，然而融资企业自身的信用风险也会对银行的决策产生影响。科学准确地评价企业信用风险，是供应链融资得以实现的关键（蒋曼曼，2017）。因此，部分学者将企业信用风险作为优化决策的重要指标，对存货质押融资风险进行管控。盛巧玲和吴炎太（2012）引入核心企业的资信水平作为层次分析法的主要指标，将层次分析法与模糊综合评价法结合，解决了中小企业信用缺失的难题。刘艳春和崔永生（2016）对供应链金融下中小企业信贷风险进行衡量，采用探索性因子分析和结构方程模型的验证性分析方法，构建了信用风险评价指标体系模型。熊熊等（2009）采用主成分分析法和 Logistics 回归方法建立了信用风险评价模型，将中小企业在供应链金融模式下的守约概率作为银行能否提供贷款的依据。上述研究都是将企业的信用作为融资风险评价指标，由于企业的资信情况可以通过银行授予的授信额度进行测算，因此，夏华等（2018）进一步将授信额度与客户信用等级、财务状况联系起来，构建具有普适性的授信额度测算模型。Yan 和 Sun（2013）将银行为零售商设定的信用额度作为风险控制指标，分析得到了银行设定的最优信用额度、零售商的最优订货以及生产商的最优批发价格。

4. 海陆仓融资问题研究

海陆仓融资是一种将陆上仓库货物质押和海上在途货物质押连接起来的存货质押融资业务，根据进口和出口业务流程不同而具体分为进口海陆仓和出口海陆仓两种模式。2008 年，中国远洋海运集团最早推出了海陆仓融资业务，随后，国内其他海运物流公司也逐步开展了此项业务。2017 年，国外的马士基集团也开始为其航运客户提供物流金融服务。随着近期中国远洋海运集团等公司海陆仓融资业务的不断实践，潘意志等（2013）和王功荣等（2013）针对进口海陆仓融资业务等问题开展了一些探索性的研究。其中，潘意志等（2013）对进口海陆仓融资贷款的业务模式、特点、优势及风险控制进行了理论分析。王功荣等（2013）分析海运物流公司在海陆仓融资方式中的法律风险与防范途径。另外，汪金秋（2015）则采用实例分析法，选取中海集团物流湖北有限公司作为研究对象，通过分析进口海陆仓融资业务中的相关数据，分析其在运营过程中面临的市场风险、信用风险、操作风险及法律风险，并结合这些分析针对该公司开展海陆仓业务提出一些建议。

严飞和汪传旭（2010，2011）以及曾庆先（2015）则对进口海陆仓融资进行了定量分析。其中，严飞和汪传旭（2010）在考虑质押物陆上仓储费用和海上运输费用的基础上，建立根据进口商最佳进货量及质押量的海运物流公司质押率优化模型；随后，他们又在假定质押物价格呈布朗运动规律的前提下，构建进口海陆仓融资业务下海运物流公司收入利率（即海运物流公司从进口商处收取的融资服务费率）、支出利率（即海运物流公司需要向银行支付的利率）优化模型（严飞和汪传旭，2011）。曾庆先（2015）考虑海运物流公司向中小进口商融资以支付货款的情况（即进口海陆仓融资业务），建立海运物流公司质押率优化及进口商根据给定质押率下的最佳进货量及最佳质押量的模型。

而当前针对出口海陆仓融资问题的研究还较少。廖鑫凯和赵波（2011）将海陆仓融资分为进口海陆仓融资和出口海陆仓融资两种，并建议出口海陆仓融资采用 DDU 条款（《2010 年国际贸易术语解释通则》已将 DDU 条款更新为 DAP 条款）。随后，廖鑫凯等（2012）又单独针对出口海陆仓融资的运作方式、风险控制和优势进行了概念介绍和解释。

（三）研究的趋势与不足

综上，国内外学者针对供应链金融问题和存货质押融资问题开展的众多研究和取得的重大进展，为本书的研究提供了重要的借鉴和参考。

在供应链金融问题研究方面，当前文献主要考虑了供应链金融下的风险控制以及银行、借款企业和合作企业之间的协同决策问题，对出口海陆仓融资优化决策问题具有重要的借鉴意义。然而，现有研究忽略了物流企业在供应链金融业务中的决策优化问题，因此，海运物流公司、出口商和进口商之间的协同决策和风险控制问题仍有待补充。

在存货质押融资博弈关系分析方面，现有研究大多运用 Stackelberg 博弈方法，对供应链系统中两个或三个参与方之间的决策进行博弈关系分析，这对出口海陆仓融资中海运物流公司、出口商和进口商三方之间的 Stackelberg 主从对策博弈模型构建具有重要的借鉴意义。然而，现有研究只考虑了融资过程中单个参与方期望利润最大化的情况，并未从全局优化的角度考虑供应链系统整体效益的最大化。因此，运用双重 Stackelberg 主从对策博弈原理，以供应链整体利益最大化为目标对各方决策进行优化，尚有待于进行深入的补充研究。

在存货质押融资模型构建方面，已有文献主要研究质押率和贷款利率决策模型，这些模型也可以同步给出融资企业的订货量、质押量和质押物定价等决策，从而初步解决了质押物市场需求或价格单方面波动规律下存货质押融资的优化决策问题。然而，市场需求和价格通常具有联动的函数关系（陈克贵等，2018），当前缺少对这种联动函数关系下的融资优化问题研究，因此，进一步的研究将会是在分析海运供应链上海运物流公司、出口商和进口商三方双重 Stackelberg 博弈关系的基础上，同时考虑需求和价格存在联动函数关系的出口海陆仓融资优化问题等。

在存货质押融资风险管理方面，已有研究主要重视管理实践背景下的理论研究，取得了许多重要的进展，但关于供应链协作风险、供应链下的风险管理控制方法等问题，研究深度和广度都显不够（鲁其辉等，2016）。尤其是对于出口海陆仓融资风险控制问题而言，由于出口海陆仓融资涉及国际贸易、金融、海运、物流等多领域，其供应链网络更为复杂。除了要控制一般的仓储操作和海陆联运风险、质押物市场需求和价格波动风险、融资企业违约风险外，还要控制海外合作企业的违约风险以及融资企业的信用风险。因此，有必要深入研究出口海陆仓融资的风险控制问题。

在海陆仓融资问题的研究方面，自20世纪90年代开始，由于欧美等发达国家将产品的生产和加工外包转移给中国，并基于其在国际贸易中的强势地位采取赊销和后T/T的结算方式，将资金压力转嫁给了中国大量的中小加工、贸易企业，导致我国中小企业面临着收回货款时间长、初始资金不充裕、规模小且信用等级低以及缺少可用于抵押的固定资产等融资困难。基于此种需求，中国民生银行、招商银行、中信银行等联合实力较强、规模较大的物流公司，如中远、中储、中外运，极力发展针对海运远距离运输的物流金融服务。因此，国外学者对出口海陆仓融资优化问题关注和研究较少。而国内对该问题的现有研究仍处于探索阶段，缺乏对该问题的系统性、全面性分析，出口海陆仓存货质押融资优化问题的理论与应用研究已远远滞后于实践。

本书针对上述问题，综合运用博弈论、概率论、经济学、管理学、运筹学、金融学、国际贸易和风险管理等理论方法，通过对需求不确定、价格不确定、需求与价格联动、考虑信用额度和双重违约概率四种情况下主要决策方期望利润的分析，层层递进地构建海运物流公司在出口海陆仓融资中的质押率优化模型，设计相应的求解算法，并通过算例对模型与算法进行验证，从而得出结论及管理应用意义。

三、研究内容及方法

（一）研究内容

在存货质押融资问题中，质押率（贷款额与质押物现值的比率）是风险管理与控制的核心指标（朱国军和许长新，2012）。因此，海运物流公司如何制定合理的质押率，以控制风险并令其期望收益最大，是出口海陆仓融资优化决策的关键问题。本书主要研究出口海陆仓融资中的质押率优化问题，具体研究内容如下：

第一章为绪论。通过对当前中小企业融资难的现状、供应链金融的发展、海运的重要地位、金融危机给海运物流公司带来的挑战，以及物流企业开展物流金融服务的实例等背景阐述，指出出口海陆仓融资优化问题研究对海运物流公司具有重要的理论与实践意义，对国家的建设与发展也有重大的应用价值。通过对供应链金融和存货质押融资现有文献的分类与归纳，总结出研究的趋势与不足之处，从而引出本书的主要研究内容与整体思路。

第二章为出口海陆仓存货质押融资相关理论概述。首先，对供应链金融基本模式和存货质押融资的基本类型进行简单介绍；其次，结合上述基本模式和类型，对出口海陆仓融资的概念、特点、流程和影响因素进行分析，从而引出质押率优化能有效控制出口海陆仓融资风险；最后，结合出口海陆仓融资优化理论，对出口海陆仓融资中主要决策方的博弈关系进行分析，对相关优化理论的应用方法加以说明，为第三、第四、第五、第六章模型的建立与求解步骤的设计提供理论基础。

第三章为需求不确定条件下出口海陆仓质押率优化。首先，通过对需求波动情况下海运物流公司、出口商和进口商履约情形的分析，得出不同情形下三方的期望利润；其次，通过定理证明推导出最优质押率，并设计相应求解算法步骤；最后，通过数值实验和敏感性分析证明模型与算法的有效性和适用性，并提出相应的管理应用意义。

第四章为价格不确定条件下出口海陆仓质押率优化。首先，通过分析价格波动下质押物期末市场价值是否大于贷款本息等事件同时发生的概率，得出不同情形下海运物流公司的期望利润函数；其次，设计相应的求解算法步骤，对海运物流公司的质押率进行优化求解；最后，通过数值实验和敏感性分析证明模型与算法的有效性和适用性，提出管理应用意义。

第五章为需求与价格联动下出口海陆仓质押率优化。首先，分析质押物市场需求与价格的相关关系，以及质押物价格的波动规律；其次，通过分析需求与价格联动下质押物期末市场价值是否大于贷款本息等事件同时发生的概率，得到海运物流公司的期望利润函数；再次，通过定理证明推导出最优质押率，并结合质押物价格波动规律，设计对应的求解算法步骤；最后，通过数值实验和敏感性分析证明模型与算法的有效性和适用性，提出管理应用意义。

第六章为基于信用额度和双重违约概率的质押率优化。在第三、第四、第五章研究的基础上，进一步考虑融资企业有信用额度且出口商和进口商双方都存在一定违约概率情况下的质押率优化问题。首先，在出口商信用额度、出口商与进口商外生违约概率设定的基础上，根据贷款期末市场需求与订货量的关系以及进口商与出口商的博弈关系，建立进口商订货量与出口商货物价格联动模型；其次，根据出口商与海运物流公司的博弈关系，建立出口商货物价格与海运物流公司质押率联动模型；最后，设计相应求解算法步骤，通过数值实验得出最优质押率，总结管理经验。

第七章为结论与展望。结合第二章中出口海陆仓融资优化问题的特点，并根据第三、第四、第五、第六章得出的结论与管理应用意义，在对本书进行全面性总结的基础上，指出本书所做研究工作的重要贡献。同时，针对当前本书研究的不足之处，对出口海陆仓融资优化问题提出下一步的研究展望。

综上，本书将重点开展以下五方面内容的研究：①出口海陆仓融资优化问题理论研究；②需求不确定条件下出口海陆仓质押率优化研究；③价格不确定条件下出口海陆仓质押率优化研究；④需求与价格联动下出口海陆仓质押率优化研究；⑤基于信用额度和双重违约概率的质押率优化研究。为更直观地展示各部分研究内容的逻辑关系，作框架结构如图 1－1 所示。

（二）研究方法与技术路线

本书针对供应链金融和存货质押融资领域已发表的国内外文献进行全面查阅分析，掌握研究现状与不足之处，对文献中所设计的模型和算法进行归纳总结，综合运用博弈论、概率论、金融工程学、全局优化、供应链物流管理、风险管理、海运管理、数学规划和最优化等理论与方法，厘清出口海陆仓融资中主要决策方之间的博弈关系。从海运物流公司的角度出发，结合出口商质押货物的市场需求及价格波动规律、整个陆—海—陆质押过程物流成本等条件约束，在分别考虑质押物市场需求不确定、价格不确定、需求与价格联动、基于信用额度和双重违约概率的情况下，逐步递进地构建出口海陆仓融资质押率系列优化模型。针对上述模型，分别设计相应的求解算法步骤，并运用相关软件进行求解。

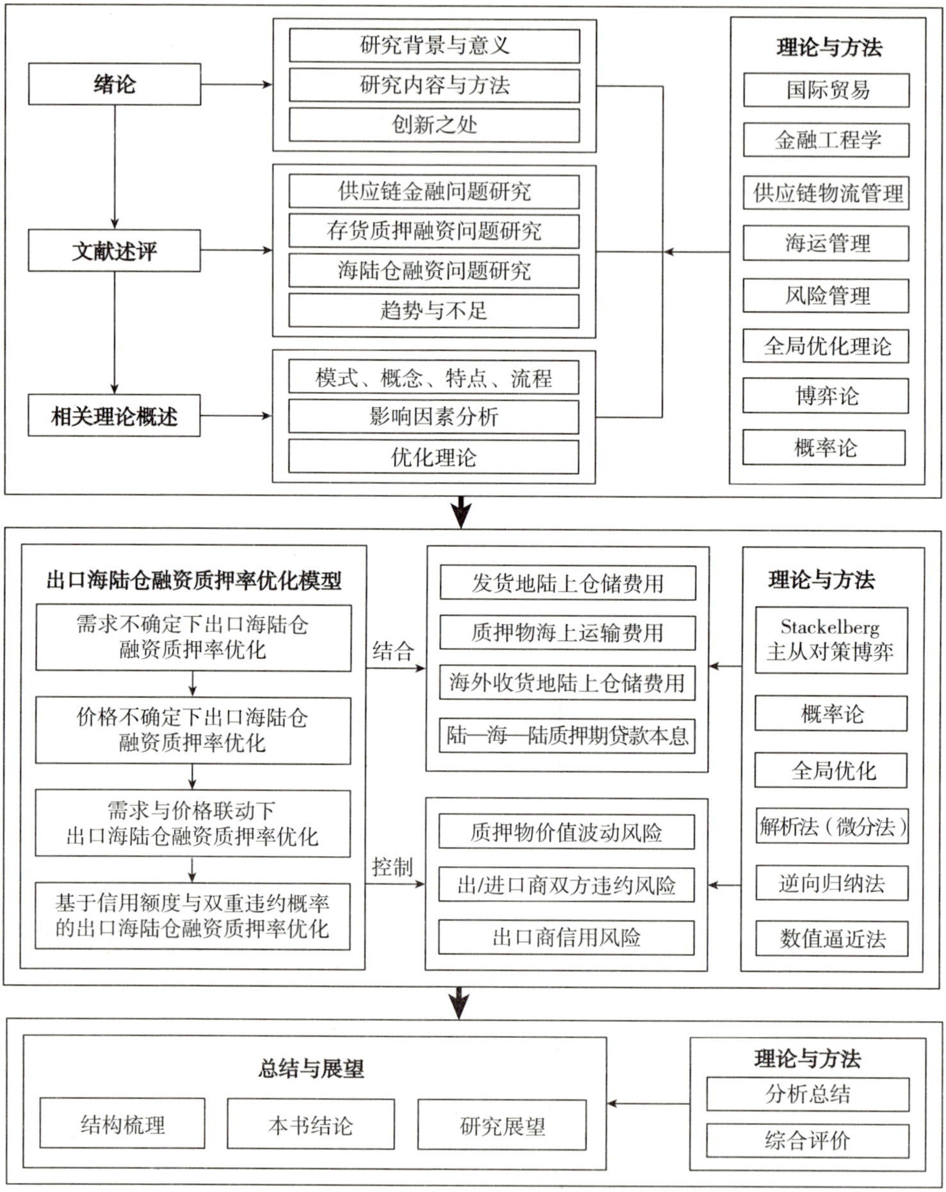

图1-1　本书框架结构

在理论研究方面，首先，根据统一授信这种存货质押融资基本类型的特征和流程，对出口海陆仓融资业务的概念、特点与流程进行分析；其次，基于出口海陆仓融资业务流程的特殊性，分析市场需求与价格波动、出口商信用额度、进/出口商违约概率对出口海陆仓融资的影响；最后，为了降低这些要素波动带来的影响，合理规避风险，结合供应链系统全局优化理论、双重 Stackelberg 主从对策博弈理论以及出口海陆仓融资下的条件概率原理，讨论出口海陆仓融资业务主要决策方之间的博弈关系、建模与求解优化方法等。

在模型构建方面，基于上述理论研究，依次考虑质押物的随机性需求、市场价格的波动规律、融资企业（出口商）和境外贸易伙伴（进口商）的外生违约概率、出口商的信用额度等因素，基于 Stackelberg 博弈原理和条件概率原理，构建出口海陆仓融资的质押率系列优化模型，并同步获得出口商最佳交货提前期或最优批发价格，以及进口商的经济订货批量。

在算法设计方面，针对出口海陆仓融资质押率系列优化模型，根据决策方的博弈关系和解的特性，采用逆向归纳法、解析法和数值逼近法设计求解步骤，并运用 Matlab、Wolfram Mathematica 等软件编程求解，得到海运物流公司的最优质押率和最大期望利润等结果。

根据所拟研究内容与研究方法，本书设计技术路线如下：

首先，研究需求不确定下出口海陆仓质押率优化。按照需求波动前以正常市场价格销售、需求波动后以处理价格销售的方式，对需求波动下的出口海陆仓质押率进行优化，以控制质押物市场价值波动风险。

其次，研究价格不确定下出口海陆仓质押率优化。假定质押物需求不变、价格服从均匀分布规律，对价格波动下的出口海陆仓质押率进行优化，以控制质押物市场价值波动风险。

再次，研究需求与价格联动下出口海陆仓质押率优化。假定需求与价格呈线性负相关关系，且价格服从几何布朗运动规律，对需求与价格联动下的出口海陆仓质押率进行优化，以控制质押物市场价值波动风险。

最后，在控制质押物市场价值波动风险的基础上，进一步考虑出口商信用风险以及进口商和出口商双方的违约风险，通过设定出口商信用额度和进/出口商双方的外生违约概率，对出口海陆仓质押率进行优化，以控制质押物市场价值波动、出口商信用和进/出口商违约的三重叠加风险。

第二章

出口海陆仓存货质押融资相关理论概述

本章首先对供应链金融的模式和基本业务流程进行简单介绍，其次对存货质押融资模式的类型进行说明，引出出口海陆仓融资业务的相关理论概述和重要影响因素，最后着重分析构建和求解出口海陆仓融资优化模型时会用到的相关优化理论，为下文的研究奠定基础。

一、供应链金融概述

供应链金融是商业银行以供应链上的主导企业为核心，以供应链上的真实交易为背景，站在整条供应链的角度，结合企业上下游的动产情况为企业在原材料采购、生产制造和商品销售环节提供以动产抵押贷款为主的一种短期金融业务（潘娅媚，2017）。供应链金融业务不仅能够解决中小企业融资难的问题，为银行和第三方物流企业带来新增客户、提供新的利润增长点，而且对于提升供应链整体的运作水平和竞争能力也具有重要作用，从而真正实现多方共赢

（牛似虎等，2017）。供应链金融的实质是帮助中小企业盘活流动资产，因此，其代表性融资模式主要可以归为三类：基于应收账款的融资模式、基于预付账款的融资模式和基于存货的质押融资模式。

（一）应收账款融资模式

以未到期的应收账款向金融机构办理融资的行为，称为应收账款融资。应收账款融资模式以借款企业与核心企业的贸易合同作为基础，借款企业作为核心企业的供应商，向核心企业提供产品，随后借款企业与银行等金融机构签订合同，以自身的应收账款作为质押品，向银行申请短期融资贷款。

在应收账款融资模式具体操作过程中，借款企业可以在合同规定的期限和信贷限额条件下，采取随用随支的方式，向银行等金融机构取得短期借款。银行放款时需要借款企业真实发货来实现物权转移，促使合同生效。同时需要告知核心企业，得到企业的确权。

应收账款融资模式使得供应链上游企业可以及时获得银行等金融机构的短期融资，不但有利于解决中小企业短期资金的需求，令其能够有流动资金进行原材料采购、及时生产运作或其他方面的投资，加快企业健康稳定的发展和成长，而且有利于整个供应链的持续高效运作。

应收账款融资模式的基本流程如图 2－1 所示。

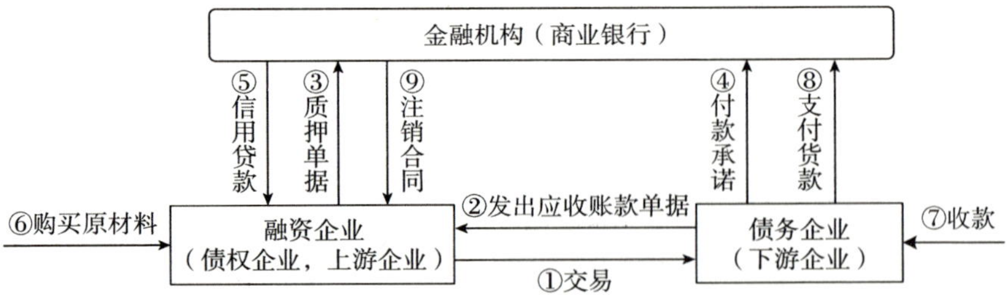

图 2－1　应收账款融资模式基本流程

（二）预付账款融资模式

预付账款融资也被称为保兑仓融资、未来提货权融资或先款后货融资，是企业向银行申请融资用来支付预付账款的一种业务模式。在供应链中的下游企业，通常需要向上游供应商预付账款，才能够获得持续生产经营所需的原材料、半成品、商品等。如果下游企业短期资金周转存在困难，可以引入预付账款融资模式来获得银行的信贷支持。

在预付账款融资模式下，供应链下游购货商向银行等金融机构申请贷款，用于支付上游核心供应商在未来一段时期内交付货物的款项，在供应商承诺回购的条件下，购货商将提货权交由金融机构控制。具体操作时由借款企业（购货商）分次向银行支付提货保证金，银行再分次通知上游核心供应商向借款企业发货。

借款企业通过预付账款融资获得的是分批支付货款并分批提取货物的权利，因而不必一次性支付全额货款，这样有效缓解了企业短期的资金和库存压力，实现了借款企业的杠杆采购和供应商的批量销售。

预付账款融资模式的基本流程如图 2－2 所示。

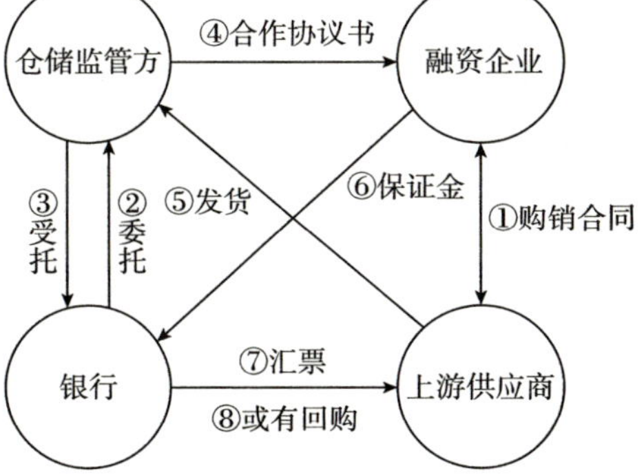

图 2－2 预付账款融资模式基本流程

（三）存货质押融资模式

存货质押融资模式也被称为融通仓融资模式，是指需要融资的企业（即借方）将其拥有的存货做质物，向资金提供企业（即贷方）出质，同时将质物转交给具有合法保管存货资格的物流企业（即中介方）进行保管，以获得贷方贷款的业务活动（国家标准《物流术语》（GB/T 18354－2006））。

存货质押融资模式的基本流程如图2－3所示。

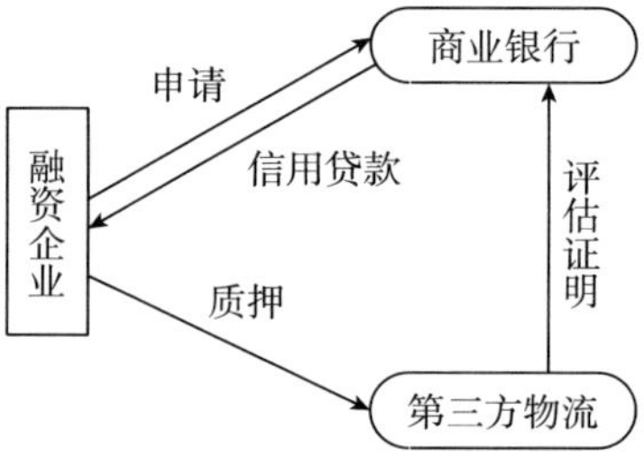

图2－3　存货质押融资模式基本流程

综上，应收账款融资模式帮助上游企业将应收账款转换成现金或应付票据；预付账款融资则帮助下游企业扩大了单次采购额，提高了采购能力，将本应即期支出的现金资产转换为短期借款或应付票据。这两种模式都基于核心企业与上下游企业之间签订的货物购销合同，有一定的局限性。而存货质押融资模式则更为直接，只需以借款企业的存货作为担保方式，即可换取流动性更强的现金资产。接下来，本书对存货质押融资模式进行重点研究。

二、存货质押融资概述

在实践中，存货质押融资模式主要包括委托监管、统一授信和物流银行三种类型（潘永明和倪峰，2015）。

（一）委托监管

委托监管是指当借款企业将拥有的存货质押给银行以获取所需的贷款时，银行委托第三方物流企业对该批存货进行监管。在银行委托监管下，第三方物流企业通常只需要行使与仓储相关的监管职能即可。显然，在委托监管下的存货质押融资业务中，以银行为主导方进行质押率、贷款利率决策。

（二）统一授信

统一授信是指银行将一定的贷款额度拨给第三方物流企业，由物流企业根据实际情况自行开展存货质押融资业务，为借款企业设立具体合同并发放贷款。在统一授信模式下，物流企业充分发挥自身对借款企业和质押物市场信息的把控能力，选择合适的借款企业并监管质押物，从中获得银行利率与借款企业贷款利率之间的利差。一般情况下，统一授信模式适用银行对第三方物流企业监控成本过高，而且物流企业拥有比银行更多的信息资源优势，对借款企业所在市场情况比较熟悉（于萍等，2008）。

银行统一授信的基本流程为：①银行选取信用和资产状况较好的物流企业合作，与物流企业签订授信合同，授予物流企业一定的信用额度，并收取相应的利息；②借款企业将存货交予物流企业，向物流企业提出贷款申请；③物流企业根据与该存货相关的市场信息评估存货的价值及风险，据此发放相应贷款给借款企业；④期末时，借款企业偿还贷款本息，并赎回用于质押的存货；⑤物流企业收回贷款后，将质押的存货归还给借款企业（潘永明和李紫薇，2015）。

显然，在统一授信过程中，银行并不直接参与存货质押融资业务的具体运作，而仅收取与物流企业事先协商好的利差，由第三方物流企业代替银行主导存货质押融资业务，进行质押率、收入利率和支出利率决策。

（三）物流银行

物流银行是指第三方物流企业和银行组成了专门的物流银行（也称为质押银行），直接与借款企业发生联系的存货质押融资类型。开设物流银行需要第三方物流企业本身拥有金融资质，如2001年美国联合包裹公司（UPS）收购了美国第一国际银行，成立金融子公司UPS Capital，以期为顾客提供将物流与金融相结合的供应链金融服务（王晓东和李文兴，2015）。然而，在当前阶段，中国对金融行业的管制仍然较为严格，政府暂不允许商业银行进行混业经营。因此，开设物流银行并不符合我国目前的现实情况，这一模式仍主要存在于西方国家。

三、出口海陆仓融资概述

出口海陆仓融资是一种基于银行统一授信的海陆联合型存货质押融资新业务。在出口海陆仓融资业务中，银行根据长期合作且实力雄厚的海运物流公司的规模、管理水平和运营情况，以海运物流公司的信用作为担保条件，授信给信用和资产状况较好的海运物流公司一定的贷款额度，委托海运物流公司在额度内对有融资需求的出口企业自行开展存货质押融资业务。出口海陆仓融资将陆上质押业务与海上质押业务结合起来，具有货物质押过程异国化的特性。

（一）出口海陆仓融资概念

根据海运贸易进口和出口业务流程的不同，海陆仓融资可以细分为进口海陆仓融资和出口海陆仓融资两种类型。进口海陆仓融资是指海运物流公司将海上在途的货物质押与目的地仓库的货物质押相连接，为进口商提供的一种货物质押融资业务；出口海陆仓融资是指海运物流公司将其在发货地仓库的货物质押、海上在途的货物质押以及目的地仓库（境外监管仓）的货物质押连接起来，为出口商提供的一种全程货物质押融资业务（王滋承等，2017）。

出口海陆仓融资是在银行统一授信基础上展开的，银行给予信用和资产状况较好的海运物流公司一定的贷款额度，海运物流公司可以在额度内自行对有融资需求的出口企业开展存货质押融资业务。目前，开展海陆仓融资业务的多为实力雄厚的海运物流公司，而有融资需求的多为中小微型进出口企业，其所需的贷款额度规模通常远小于这些实力雄厚的海运物流公司从银行处获得的贷款额度，即海运物流公司从银行处获得的贷款额度能够满足出口商的贷款需求。

因此，当出口商为了保证生产经营的顺利进行，将拥有的存货作为质押物向海运物流公司申请质押贷款时，海运物流公司不仅要在银行委托下对发货地仓库、海上在途以及目的地仓库的质押物进行全程运输及质押监管，还要对出口商的资信水平与运营情况、该批质押物的市场需求与价格波动情况以及海外合作企业的违约风险等进行分析，据此设定一个合理的质押率，从而向出口商发放相应额度的贷款，并对出口商该笔贷款的使用情况进行监管。在这一过程中，银行只负责出资并收取贷款资金的利差，基本上不参与质押贷款项目的具体运作（Xu 等，2012）。

（二）出口海陆仓融资特点

根据出口海陆仓融资的概率分析可知，与一般的陆上存货质押融资模式相比，出口海陆仓融资具有以下特点：

1. 海陆联合质押

出口海陆仓融资将陆上质押业务与海上质押业务同时结合起来，具有货物质押过程异国化的特性。因此，在出口海陆仓融资优化决策时，海运物流公司在发货地和收货地的陆上仓储费用、海上运输费用以及陆—海—陆全程质押贷款本息都应被全面考虑进模型中。

2. 风险组成复杂

出口海陆仓融资不仅需要关注和防范一般的仓储操作和海陆联运风险、质押物市场需求和价格波动风险以及融资企业违约风险，还要关注与防范海外合作企业的违约风险以及融资企业的信用风险等。此外，由于质押过程异国化、质押期限延长化（增加了海运期），质押物价值波动风险相对而言也更高。因此，出口海陆仓融资优化模型更加复杂。

（三）出口海陆仓融资流程

由出口海陆仓融资概念可知，一般性存货质押融资包含陆仓质押过程，而进口海陆仓融资包含海—陆仓质押过程，出口海陆仓融资则包含陆—海—陆仓质押过程。为了更直观地区分一般性存货质押融资、进口海陆仓融资和出口海陆仓融资的不同之处，本书分别画出这三者的基本业务流程图。

一般性存货质押融资业务的基本流程如图 2－4 所示。

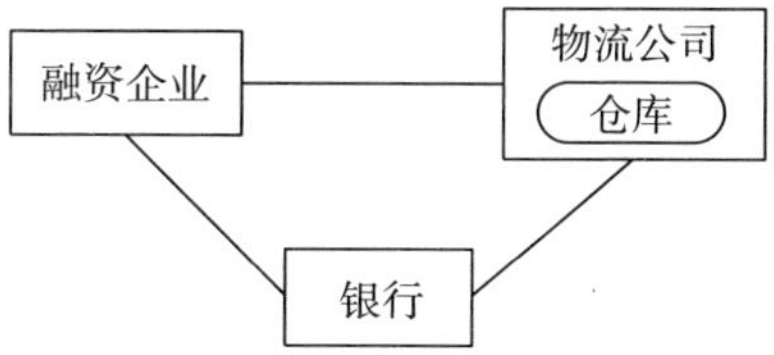

图 2－4　一般性存货质押融资业务基本流程

进口海陆仓融资业务的基本流程如图 2－5 所示。

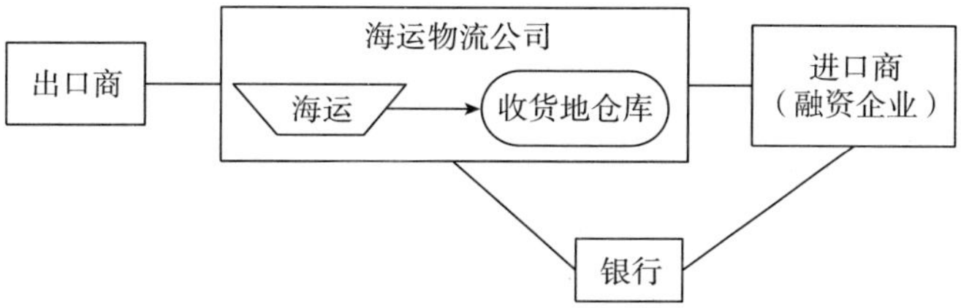

图 2－5　进口海陆仓融资业务基本流程

出口海陆仓融资业务的基本流程如图 2－6 所示。

由图 2－4～图 2－6 可以看出，相比于一般的陆上存货质押融资业务和进口海陆仓融资业务，出口海陆仓融资业务流程更为复杂。

海运物流公司在做出融资优化决策时，需要同时考虑质押物陆上仓储费用、海上运输费用以及陆—海—陆全程质押贷款本息。

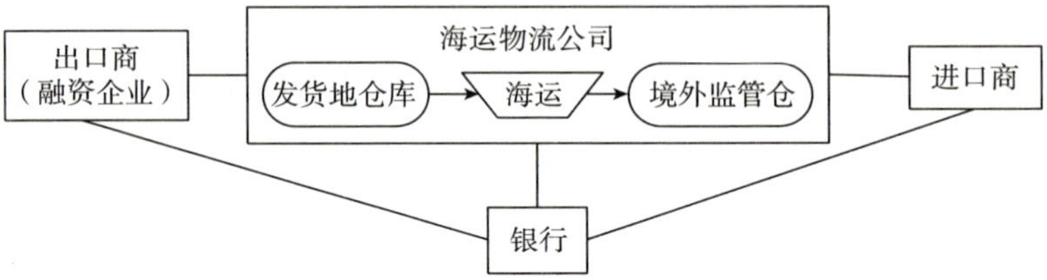

图2-6　出口海陆仓融资业务基本流程

随着质押期的变化，质押物的市场需求与价格有可能也会发生变化。在质押贷款的期末，若质押物市场需求（或市场价格）大于质押量（批发价格），则进口商选择付款提货，出口商偿还贷款本息，海运物流公司放行货物；反之，则进口商可能不提货，出口商可能不还贷，海运物流公司变卖质押物以补足资金敞口。根据对上述三方履约与不履约情形的分析，可作具体的出口海陆仓融资业务流程，如图2-7所示。

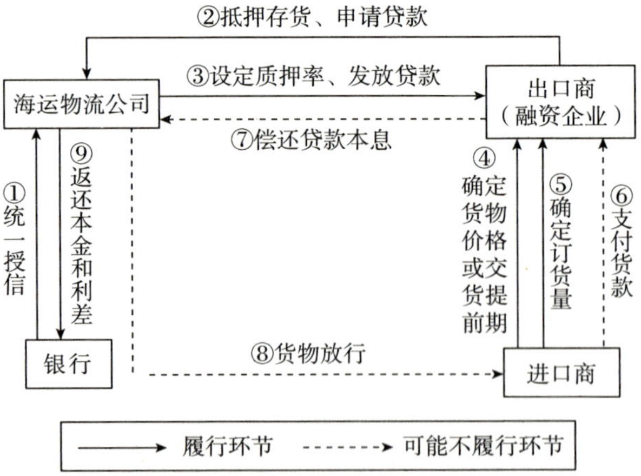

图2-7　出口海陆仓融资业务流程

由图2-7可见，在出口海陆仓融资中，海运物流公司接受银行的授信及委托，负责全程运输及监管存货，设定合理的质押率以发放相应额度的贷款，并以该批货物作为质押品以确保其信用担保的安全。融资决策主体包括海运物流公司、出口商和进口商三方，银行基本不参与项目的具体运作。三方的决策内容分别是海运物流公司先设定质押率，出口商据此获得相应额度的贷款并确定货物价格（或交货提前期），进口商则根据出口商的决策确定自身的订货量（见图2-7中流程③④⑤）。

此外，图2-7中的实线部分表示海运物流公司、出口商和进口商三方一定会履约的环节，虚线部分（见图2-7中流程⑥⑦⑧）则表示三方可能不履约的环节，即当期末质押物市场需求和价格波动时，进口商会选择是否继续付款提货，进而影响出口商能否偿还贷款本息，海运物流公司则据此决定是否需要变卖剩余质押货物，以补足出口商贷款资金敞口。

因此，无论是流程③④⑤所代表的三方所做决策，还是流程⑥⑦⑧所代表的三方履约情况，都具有先后顺序，即体现了一种明显的有主导者与跟随者的Stackelberg主从对策博弈关系。

四、出口海陆仓融资影响因素分析

根据出口海陆仓融资的流程和特点可知，海运物流公司除了面临与业务本身有关的风险（如操作风险、海陆联运风险、权属风险和监管风险）以外，还要关注和防范质押物市场需求和价格波动风险、融资企业的信用风险、融资企业与海外合作企业的双重违约风险等。因此，为了控制上述风险，就需要对出口海陆仓融资业务的影响因素进行对应分析。

（一）质押物市场需求和价格波动

在出口海陆仓融资业务的质押贷款期内，质押物的市场需求和价格有可能会发生波动，致使该批质押物在贷款期末出现滞销或需要低价处理的情况。此时的进口商作为海外购买方和货物销售方，在前期付款提取了部分货物进行市场销售之后，发现剩余的质押物难以盈利或保持基本收支平衡，就可能会根据货物的市场情况选择不向出口商支付剩余货款，同时放弃提取出口商质押在海运物流公司境外监管仓内的剩余货物。而由于出口海陆仓融资业务具有跨海贸易且耗时长的特殊性，剩余质押物无法返回国内进行二次销售或低价处理，因此进口商的选择会对出口商产生极大影响，在进口商违约不支付剩余货款的前提下，出口商也有可能选择不向海运物流公司支付贷款本金和利息。在此情况下，海运物流公司依然需要向银行支付使用这笔贷款的利差，并保证期末能偿还该笔贷款的本金，只能通过低价处理该批质押物以弥补本次贷款资金敞口。由此可见，质押物市场需求和价格波动会给海运物流公司带来质押风险，从而影响海运物流公司的期望利润。

质押物市场需求和价格都是判断质押物市场价值变化的重要条件，因此，海运物流公司可以通过判断质押物在贷款期初的市场价值，通过需求与价格的走势预估质押物在贷款期末的市场价值，据此设定科学的质押率，从而调节发放给出口商的贷款本金，尽可能地降低质押物价值波动和进口商、出口商违约的风险，以获取自身最大的利润。

然而，在出口海陆仓融资业务的实际操作中，海运物流公司通常根据银行以往存货质押贷款业务惯例采用经验估值法，直接以质押物价值 70% 左右的比例为出口商提供贷款（王滋承和杨华龙，2017）。显然，这并非海运物流公司最优的质押率决策，无法令其实现风险最小化或期望利润最大化。因此，在进行出口海陆仓融资质押率优化问题研究时，要想控制质押物市场价值波动风险，规避进口商和出口商双方的违约风险，并尽可能地保证海运物流公司的利润不受损，应考虑质押物市场需求和价格波动情况下的质押率优化问题。

（二）出口商信用额度

信用额度（也称为授信额度），是指银行会给需要融资的企业一个贷款资金使用的额度范围，即在此额度范围内，企业可以多次获得同等数额的贷款。企业可以将信用额度作为其流动性管理工具的一部分，用于支持其研发投资或规模化生产（Guney et al.，2017）。

在一般的存货质押融资业务中，银行会根据借款企业的信誉水平、资产负债和日常经营等情况，为其设定一个合理的信用额度。同样地，在出口海陆仓融资决策中，出口商的信誉水平、资产负债和日常经营等情况也会对其自身决策产生影响，令其产生企业信用风险，从而对海运物流公司的质押率优化决策造成影响。在这种情况下，出口商的信用额度限制就需要被考虑到进出口海陆仓融资的质押率优化问题中去。

需要注意的是，信用额度可以是一个数额，也可以是一个比例。本书参考 Yan 和 Sun（2013）的研究，将海运物流公司为出口商设定的信用额度看作一个比例，对出口海陆仓融资质押率进行优化，以规避出口商的信用风险。

（三）进/出口商违约概率

在一般的存货质押融资业务中，银行或其授权的第三方物流企业在进行质押率或贷款利率优化决策时，通常只需考虑融资企业自身的违约概率问题即可。而根据上述章节中的分析可知，出口海陆仓融资业务具有跨海进行国际贸易的特殊性，质押物在进口地是交由进口商处理，进口商违约与否对出口商还贷情况会产生一定影响，进而影响海运物流公司的期望利润。因此，在出口海陆仓融资业务中，存在着进口商和出口商同时违约的新情况，需要海运物流公司给定违约概率来规避进口商与出口商双方的违约风险。

根据文献述评部分可知，当前研究主要将存货质押融资业务中的企业违约概率区分为内生违约概率和外生违约概率两种，前者表现为违约概率与质押物价值具有函数关系，后者则与企业的流动性风险有关，即企业资产到期不能如期足额收回，进而无法满足到期负债的偿还和新的合理贷款及其他融资需要的风险，主要通过货币现金/短期借款、流动资产/流动负债、速动资产/流动负债三种指标予以衡量（耿娜，2017）。本书为区分质押物价值波动风险与海内外中小企业违约风险，更直观地展示两种不同的风险对海运物流公司出口海陆仓融资决策产生的影响，采用外生违约概率代表进口商与出口商的违约风险水平。

综上所述，海运物流公司在制定出口海陆仓融资质押率优化决策时，在结合质押物市场需求与价格波动、出口商信用额度等因素的基础上，也应考虑设定出口商和进口商双重外生违约概率，以同时防范质押融资业务中的质押物价值波动风险、融资企业信用风险以及海内外中小企业外生违约风险，在保障自身效益最大的前提下，同步实现主要参与方之间的协同决策，最终达到整条供应链系统优化的目标。

五、出口海陆仓融资优化理论

质押率优化是出口海陆仓融资过程中需要解决的核心问题，而海运物流公司在业务开展过程中会面临上述各类风险，需要基于相关优化理论对该核心问题进行分析优化。因此，针对出口海陆仓融资的质押率优化问题，本书采用供应链系统全局优化理论、双重Stackelberg主从对策博弈理论和出口海陆仓融资下的条件概率原理，对质押率优化系列模型的构建进行分析。

（一）供应链系统全局优化理论

供应链金融是指银行或其授权的第三方物流企业站在整条供应链的角度，结合供应链中企业上下游的动产情况，为企业在原材料的采购、生产制造和商品销售环节提供系统的融资服务。出口海陆仓融资是供应链金融项下一种特殊的海陆联合存货质押融资业务。本书将海运物流公司、出口商和进口商开展的出口海陆仓融资业务看成一个供应链系统，采用定性分析与定量研究相结合的方法，对海运物流公司的质押率决策进行优化，并同步得到出口商最佳货物价格（或交货提前期）决策和进口商最优订货批量决策，从而实现供应链整体利润最大化或融资业务各参与方期望利润最大化的目标。

由此可见，尽管本书主要研究海运物流公司在出口海陆仓融资中的质押率优化问题，但仍以实现供应链整体效益最大化或多方决策同时优化为目标，这充分体现了供应链系统的全局优化理论（申培萍，2006）。因此，研究出口海陆仓融资质押率优化问题，需要以供应链系统全局优化理论为指导。海运物流公司在制定质押率优化决策时，应基于供应链全局视角，保障出口海陆仓融资业务其他参与方的利益，从而实现供应链整体效益最大化。

（二）双重 Stackelberg 主从对策博弈理论

Stackelberg 主从对策博弈是一种非合作博弈（Zhang 等，2016），博弈双方根据对方可能的策略来选择自己的策略，以保证自己在对方策略下的利益最大化（罗云峰，2007）。对于非合作博弈问题，可以根据博弈问题本身的信息结构将其分为完全信息博弈和不完全信息博弈。Stackelberg 主从对策博弈属于完全信息动态博弈，博弈的参与者有主导者与服从者之分，且博弈方决策有先后顺序，有承诺力的主导者先动且不可撤回自己的行动，服从者能够观察到先动者的行动再做决策，这种博弈关系更符合出口海陆仓融资业务中供应链有主导者的现实情况。

在出口海陆仓融资业务中，主要决策方为海运物流公司、出口商和进口商三方。三方的决策相互联动、相互制衡，因此应厘清三方的博弈关系以优化其决策。由出口海陆仓融资业务的具体流程和上述博弈原理的内涵可知，在出口海陆仓融资中，海运物流公司显然处于强势地位，其决策为先导方，出口商和进口商决策为从属方，因此，海运物流公司、出口商、进口商三方的交易决策体现为双重 Stackelberg 主从对策博弈的关系。第一重博弈发生在海运物流公司和出口商之间，海运物流公司先设定质押率，出口商据此从银行获得相应额度的贷款，利用该项贷款继续生产，并根据贷款数额确定货物价格（或交货提前期）。在第一重博弈中，海运物流公司为主导者，出口商为服从者。第二重博弈发生在出口商和进口商之间，出口商确定货物批发价格（或交货提前期），进口商据此确定订货批量。在第二重博弈中，出口商为主导者，进口商为服从者。

由此可见，在海运物流公司、出口商和进口商三方的决策中，海运物流公司的质押率决策处于主导地位，出口商货物价格（或交货提前期）决策和进口商订货量决策则处于从属地位。对出口海陆仓融资质押率优化问题的研究，需要应用双重 Stackelberg 主从对策博弈理论分析构造海运物流公司、出口商和进口商三方的期望利润函数，从而实现各方期望利润最大化和供应链整体效益最大化的目标。

（三）出口海陆仓融资下的条件概率原理

设 A 与 B 是某随机试验中的两个事件，在已知 A 出现的条件下 B 出现的概率记作 $P(B|A)$，在已知 B 出现的条件下 A 出现的概率记作 $P(A|B)$，称 $P(B|A)$ 与 $P(A|B)$ 为条件概率。A 与 B 同时发生的概率为 $P(AB)$，$P(AB)=P(A)P(B|A)=P(B)P(A|B)$（余家林和朱倩军，2009）。

根据对出口海陆仓融资影响因素的分析可知，在出口海陆仓融资业务中，质押物的市场需求与价格在贷款期初与期末可能会发生波动，从而导致质押物市场价值发生变化。然而根据业务实际，只有当质押物市场价值不大于贷款本息时出口商才有可能违约，这就涉及条件概率问题。

当考虑质押物市场需求波动情况时，设事件 A 为贷款期末质押物市场需求小于质押量，事件$\bar{A}$为贷款期末质押物市场需求不小于质押量，事件 B 为质押物市场价值不大于贷款本息，事件$\bar{B}$为质押物市场价值大于贷款本息。则根据条件概率原理，A 与 B 同时发生的概率 $P_1=Pr(AB)=Pr(A)Pr(B|A)$、A 与 $\bar{B}$ 同时发生的概率 $P_2=Pr(A\bar{B})=Pr(A)Pr(\bar{B}|A)$、$\bar{A}$ 与 B 同时发生的概率 $P_3=Pr(\bar{A}B)=Pr(\bar{A})Pr(B|\bar{A})$、$\bar{A}$ 与 $\bar{B}$ 同时发生的概率 $P_4=Pr(\bar{A}\bar{B})=Pr(\bar{A})Pr(\bar{B}|\bar{A})$。

同理，当考虑质押物市场价格波动情况时，设事件 A 为贷款期

末质押物市场价格小于贷款期初质押物市场价格、事件 $\bar{A}$ 为贷款期末质押物市场价格不小于贷款期初质押物市场价格、事件 B 为质押物市场价值不大于贷款本息、事件 $\bar{B}$ 为质押物市场价值大于贷款本息。则根据条件概率原理，A 与 B 同时发生的概率 $P_1 = Pr(AB) = Pr(A)Pr(B|A)$、$A$ 与 $\bar{B}$ 同时发生的概率 $P_2 = Pr(A\bar{B}) = Pr(A)Pr(\bar{B}|A)$、$\bar{A}$ 与 B 同时发生的概率 $P_3 = Pr(\bar{A}B) = Pr(\bar{A})Pr(B|\bar{A})$、$\bar{A}$ 与 $\bar{B}$ 同时发生的概率 $P_4 = Pr(\bar{A}\bar{B}) = Pr(\bar{A})Pr(\bar{B}|\bar{A})$。

因此，海运物流公司在考虑质押物市场需求与价格波动风险的基础上制定质押率优化决策，需要利用条件概率原理对上述出口海陆仓融资中各种情形的发生概率进行测算，构建海运物流公司在各种情形下的期望利润函数，从而得到令其期望利润最大化时的最优质押率。

六、本章小结

综上可知，供应链金融分为基于应收账款的质押融资、基于预付账款的质押融资和基于存货的质押融资三种模式，其中，存货质押融资模式主要分为委托监管、统一授信和物流银行三种类型，出口海陆仓融资是一种基于银行统一授信下的存货质押融资业务，它将陆上质押业务与海上质押业务同时结合起来，为出口商提供一种从发货地到海外收货地的陆—海—陆全程货物质押融资服务。由此可见，出口海陆仓融资具有海陆联合质押和风险组成多样的特点，融资优化模型的构建更加复杂。

出口海陆仓融资业务的主要决策主体为海运物流公司、出口商和进口商三方，三方决策体现为双重 Stackelberg 博弈关系，海运物流公司先决定质押率，出口商据此决定货物价格或交货提前期，进口商根据出口商决策再决定订货批量，即质押率优化是出口海陆仓融资业务的核心问题。而在出口海陆仓融资业务中，海运物流公司除了面临操作层面的业务风险外，还面临质押物市场需求和价格波动风险、出口商信用风险、出口商和进口商双方的违约风险，因此，为了解决出口海陆仓融资业务的核心问题，在联合考虑质押物在发货地和收货地的陆上仓储费用和海上运输费用、整个陆—海—陆质押周期的贷款本息的同时，应综合运用供应链系统全局优化理论、双重 Stackelberg 主从对策博弈理论以及出口海陆仓融资下的条件概率原理，分别针对市场需求波动、市场价格波动、需求与价格同时波动、基于信用额度和双重违约概率四种情况下的质押率进行优化决策，并利用 Wolfram Mathematica、Matlab 等优化软件和数学工具进行编程求解。

第三章

需求不确定条件下出口海陆仓质押率优化

在出口海陆仓融资业务中，一个迫切需要解决的理论和实践问题是海运物流公司如何确定质押率。通过第二章中对出口海陆仓融资影响因素的分析可知，质押物价值波动是影响出口海陆仓融资中海运物流公司质押率优化的重要条件，而质押物价值受到市场需求与价格的影响。当质押物市场需求波动时，融资业务主要参与方的最优决策与履约情况都会受到影响。因此，本章针对需求不确定条件下的出口海陆仓融资质押率进行优化，从而为海运物流公司制定科学的融资决策提供指导。

一、问题描述

贷款期末质押物市场需求与期初质押量的不对等会使海运物流公司、出口商和进口商产生不同的履约情况，从而影响三方的期望利润和最优决策。因此，下文通过比较贷款期末质押物市场需求与质押量的大小，分析需求波动情况下三方可能发生的履约情形，从而得到三方不同的博弈策略，最后令不同策略下的三方总期望利润最大得出最优质押率决策。

（一）需求波动下主要决策方的博弈策略

在质押贷款期末，若质押物市场需求不小于质押量，则进口商选择付款提货，出口商偿还贷款本息，海运物流公司放行货物；若质押物市场需求小于质押量，则进口商可能不提货，出口商可能随之不还贷，海运物流公司则会选择变卖剩余质押物，以补足贷款资金敞口。

在出口海陆仓融资业务中，若进口商选择支付货款并提货销售，则需要将货款打入出口商在融资银行处开立的指定账户，银行扣除贷款本息后的剩余货款归出口商，随后海运物流公司才会将货物放行给进口商。因此，若进口商不违约，则出口商也没有违约的可能性，即无法逃避偿还贷款本息；只有当进口商违约的情况下，出口商才有可能选择违约不还贷，或者考虑自身信誉等情况依然选择偿还贷。基于此，在需求波动的情况下，进口商、出口商、海运物流公司三方之间会出现如图 3－1 所示的履约情形。

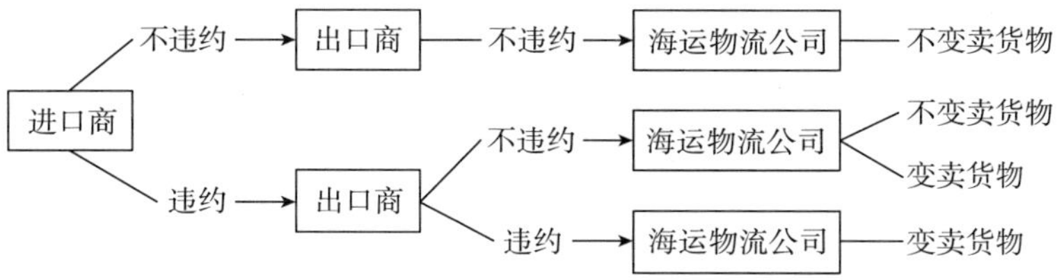

图 3－1　进口商、出口商、海运物流公司履约情况

由图 3－1 可见，根据实际情况，当需求波动时，进口商、出口商、海运物流公司三方之间对应有四种可能的双重 Stackelberg 博弈策略：策略1｛不违约，不违约，不变卖货物｝、策略2｛违约，不违约，不变卖货物｝、策略3｛违约，不违约，变卖货物｝、策略4｛违约，违约，变卖货物｝。质押物市场需求的不确定性包括需求上升、不变和下降。显然，当市场需求上升或不变时，进口商、出口商、海运物流公司三方会选择博弈策略1。而当市场需求下降时，进口商可能违约不再提取货物，出口商可能随之不再还贷，海运物流公司则会变卖货物以补足担保所产生的资金敞口，于是，进口商、出口商、海运物流公司三方则可能会选择上述任何一种博弈策略。即在需求波动的情况下，以上四种博弈策略都有可能发生。

（二）需求不确定下质押率优化思路

通过上述分析可知，进口商、出口商、海运物流公司违约的基础以及四种可行的博弈策略，均基于质押物市场需求的波动。在三方的双重 Stackelberg 博弈关系中，海运物流公司设定的质押率不仅会影响出口商的交货提前期，并进一步影响进口商的订货批量，而且还会影响进口商、出口商、海运物流公司三方的博弈策略，从而对海运物流公司、出口商、进口商三方的整体供应链利润产生影响。因此，出口海陆仓融资质押率优化就是通过确定需求波动情况下的最优质押率，以使海运贸易供应链总利润最大。

解决质押物市场需求波动下的出口海陆仓融资质押率优化问题的思路如下：

首先，对出口商生产周期与进口商库存消耗周期进行对应分析，得到需求波动情况下海运物流公司、出口商和进口商的成本支出情况。

其次，结合海运物流公司、出口商和进口商履约情形的分析以及三方的成本支出情况，得出四种博弈策略下三方各自的期望利润以及供应链总利润，并以供应链总利润最大化为目标，构建质押率分段函数优化模型。

最后，通过定理证明推导出最优质押率，并采用逆向归纳法设计求解步骤。

二、需求不确定条件下质押率优化模型

在国际贸易中，进出口双方会在合同中协定贸易条款，以此确定由出口商或进口商承担海运费及（或）保险费。考虑到问题的全面性，下文会分别假设贸易条款为 FOB 和 DAP，从而令运输费用等分别计入进口商成本和出口商成本。本章拟建立需求不确定下的出口海陆仓融资质押率优化模型。为便于对该优化问题的建模与求解，本书做出一些假设，并针对优化模型中用到的参数与决策变量进行符号说明。

（一）模型假设与符号说明

1. 模型假设

（1）出口商为生产型企业，进口商为销售型企业，双方签订长期的买卖合同。

（2）允许暂时性缺货，当出口商生产（质押）的货物数量达到进口商订货量时，一次性发货。

（3）若进口商选择付款提货，则出口商会还贷以解押提单，令海运物流公司放货。

（4）贷款期间，海运物流公司根据贷款额度收取利息，即融资服务费。

（5）进出口贸易条件为 FOB，将海运运费及保险费计入进口商成本。

2. 模型参数设定

m 表示融资服务费率。

C_e 表示出口商生产准备成本。

C_i 表示进口商订货固定成本。

h_e 表示出口商每单位货物的仓储费用。

h_i 表示进口商每单位货物的仓储费用。

h_s 表示海运物流公司仓库管理费用。

p_e 表示进口商单位商品进货价。

p_i 表示进口商单位商品售价。

p_a 表示单位商品原材料价格。

p_b 表示单位商品的处理价。

P 表示出口商生产率。

k 表示进口商库存消耗速度。

s 表示进口商安全库存。

α 表示缺货时进口商给等待顾客的价格折扣。

ε 表示缺货时愿意等待的顾客比例。

ω 表示海运物流公司的单位运价。

$\overline{\omega}$ 表示海运物流公司的海运成本。

λ 表示保险费率。

ξ 表示保险加成率。

q 表示质押余量。

r_m 表示质押率下限。

r_w 表示质押率上限。

v 表示进口商缺货量。

μ 表示进口商的平均库存水平。

T 表示海运时长。

t_i 表示进口商库存从到货到售罄的时长。

t_e 表示出口商发货周期时长。

3. 决策变量定义

L 表示出口商交货提前期，即进口商发出订货通知到货物进入海运物流公司境外监管仓所持续的时间长度。

Q 表示进口商订货批量。

r 表示海运物流公司给出的质押率。

（二）出口商生产周期与进口商库存消耗周期分析

出口商通过向海运物流公司申请货物质押获得贷款，利用该项贷款继续生产货物，保证达成与进口商签订买卖合同中的订货数量和交货时间协定。因此，假设海运物流公司给定了质押率，则出口商要根据给定的质押率和自身的生产情况做出最佳交货提前期决策，进口商根据出口商的交货提前期和自身的库存消耗情况做出经济订货批量决策。根据供应链贸易流程，出口商的生产周期和进口商的库存消耗周期有如图 3－2 所示的对应关系。

由图 3－2 可见，出口商生产周期和进口商库存消耗周期时长相同（都为 t_e）。进口商在 s_i 点处需要补货，在 t_i 点商品售罄进入缺货状态；出口商的库存量在 s_i 点并未达到进口商的订货量 Q，且海运具有一次性发货的特殊性，因此出口商继续生产，在 t_e 时刻达到 Q 后发货，库存水平降为 0，进入第二个生产周期 $[t_e, 2t_e]$。第一批货物在 t_e+T 时刻到达进口商处，此时交货提前期为 $L=t_e+T-s_i$，进口商的缺货量为图 3－2 中阴影部分面积，于是有：

$$v=\frac{k(t_e-t_i)^2}{2}=\frac{k}{2}\left(\frac{Q}{P}-\frac{Q-kL+s}{k}\right)^2$$

$$=\frac{(k-P)^2Q^2}{2kP^2}-\frac{(k-P)(s-kL)Q}{kP}+\frac{(s-kL)^2}{2k} \quad (3-1)$$

由此可得，进口商的缺货成本为 $p_i(1-\alpha)\ \varepsilon v$。

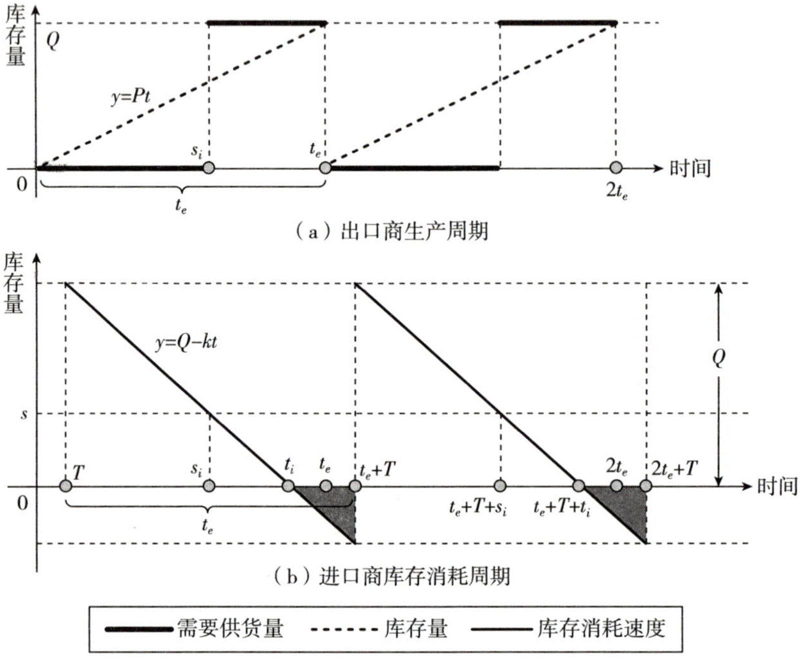

图 3-2　出口商生产周期与进口商库存消耗周期对应关系

由图 3-2 可以得到，进口商的库存成本为：

$$H_i=h_i\mu=h_i\frac{(Q-kL+s)t_i}{2}=\frac{h_i(Q-kL+s)^2}{2k} \quad (3-2)$$

出口商的库存成本为：

$$H_e=h_e\frac{Qt_e}{2}=\frac{h_eQ^2}{2P} \quad (3-3)$$

海运物流公司的仓库管理成本为：

$$H_s=h_s\left(\mu+\frac{Q^2}{2P}\right) \quad (3-4)$$

进口商的货物购买成本为：

$$\phi = \begin{cases} p_e Q & \text{当进口商不违约时} \\ p_e(Q-q) & \text{当进口商违约时} \end{cases} \tag{3-5}$$

根据上述参数及变量设定，进口商的海运费为 ωQ，进口商的保险费为：

$$\varphi = \lambda(1+\xi)(p_i Q + \omega Q) \tag{3-6}$$

于是，进口商的贸易总成本为：

$$C_{i-total} = \phi + p_i(1-\alpha)\varepsilon v + H_i + \omega Q + \varphi + C_i \tag{3-7}$$

出口商的原材料成本为 $p_a Q$，融资服务费为 $mrp_i Q$。于是，出口商的贸易总成本为：

$$C_{e-total} = p_a Q + mrp_i Q + H_e + C_e \tag{3-8}$$

海运物流公司的海运成本为 $\overline{\omega} Q$，贸易总成本为：

$$C_{s-total} = H_s + \overline{\omega} Q \tag{3-9}$$

此外，需求波动除了体现在会令进口商、出口商和海运物流公司产生四种不同的博弈策略外，在模型中主要表现为“进口商在需求波动前按 p_i 的价格销售 $Q-q$ 的货物，需求波动后按照 p_b 的处理价销售 q 的货物”。下面将针对需求波动情况下三方在四种博弈策略中的利润进行分析。

（三）不同博弈策略下各决策方的期望利润函数

根据上述成本及进口商和出口商的履约情况分析可求得进口商、出口商、海运物流公司在四种双重 Stackelberg 博弈策略下的利润函数，具体如下：

1. 在策略 1 下

进口商的利润应为：

$$E(i)_1 = (p_i - p_e)(Q-q) - (p_e - p_b)q - p_i(1-\alpha)\varepsilon v - h_i\mu - \varphi -$$

$$\omega Q - C_i \tag{3-10}$$

出口商的利润应为：

$$E(e)_1 = (p_e - p_a)Q - mrp_iQ - \frac{h_eQ^2}{2P} - C_e \tag{3-11}$$

海运物流公司的利润应为：

$$E(s)_1 = (\omega - \overline{\omega})Q + mrp_iQ + h_i\mu + \frac{h_eQ^2}{2P} - h_s\left(\mu + \frac{Q^2}{2P}\right) \tag{3-12}$$

进口商、出口商和海运物流公司三方的总利润应为：

$$E_1 = (p_i - p_a)Q - (p_i - p_b)q - h_s\left(\mu + \frac{Q^2}{2P}\right) - p_i(1-\alpha)\varepsilon v - \varphi - C_e - C_i - \overline{\omega}Q \tag{3-13}$$

2. 在策略 2 下

进口商的利润为：

$$E(i)_2 = (p_i - p_e)(Q - q) - p_i(1-\alpha)\varepsilon v - h_i\mu - \varphi - \omega Q - C_i \tag{3-14}$$

出口商的利润为：

$$E(e)_2 = (p_e - p_a)(Q - q) - p_aq - mrp_iQ - \frac{h_eQ^2}{2P} - C_e \tag{3-15}$$

在策略 2 下，由于出口商不违约，海运物流公司也不违约，所以，海运物流公司的利润 $E(s)_2$ 与策略 1 下的利润应相同，即 $E(s)_2 = E(s)_1$。

由此可得，在策略 2 下的总利润为：

$$E_2 = (p_i - p_a)Q - p_iq - h_s\left(\mu + \frac{Q^2}{2P}\right) - p_i(1-\alpha)\varepsilon v - \varphi - C_e - C_i - \overline{\omega}Q \tag{3-16}$$

3. 在策略 3 下

根据各方违约与否，可知进口商的利润 $E(i)_3$ 与策略 2 下的利润相同，即 $E(i)_3=E(i)_2$，出口商的利润 $E(e)_3$ 与策略 2 下的利润相同，即 $E(e)_3=E(e)_2$。

海运物流公司的利润为：

$$E(s)_3=(\omega-\overline{\omega})Q+mrp_iQ+h_i\mu+\frac{h_eQ^2}{2P}-h_s\left(\mu+\frac{Q^2}{2P}\right)+p_bq \tag{3-17}$$

由此可得，在策略 3 下的总利润函数为：

$$E_3=(p_i-p_a)Q-(p_i-p_b)q-h_s\left(\mu+\frac{Q^2}{2P}\right)-p_i(1-\alpha)\varepsilon v-\varphi-C_e-C_i-\overline{\omega}Q=E_1 \tag{3-18}$$

即策略 3 和策略 1 的总利润函数相同。

4. 在策略 4 下

同理，进口商的利润 $E(i)_4$ 与策略 3 下的利润相同，即 $E(i)_4=E(i)_3$。

出口商的利润为：

$$E(e)_4=(p_e-p_a)(Q-q)-mrp_iQ-\frac{h_eQ^2}{2P}-C_e \tag{3-19}$$

海运物流公司的利润为：

$$E(s)_4=(\omega-\overline{\omega})Q+mrp_iQ+h_i\mu+\frac{h_eQ^2}{2P}-h_s\left(\mu+\frac{Q^2}{2P}\right)-(p_ir-p_b)q \tag{3-20}$$

由此可得，在策略 4 下的总利润函数为：

$$E_4=(p_i-p_a)(Q-q)-(p_ir-p_b)q-h_s\left(\mu+\frac{Q^2}{2P}\right)-p_i(1-\alpha)\varepsilon v-\varphi-C_e-C_i-\overline{\omega}Q \tag{3-21}$$

（四）最优质押率求解推理

定理 1　策略 1 总优于策略 2，故策略 2 不可行。

证明 比较策略1和策略2下的总利润 E_1、E_2，由式（3-13）和式（3-16）相减，可得 $E_1-E_2=p_bq>0$，即 $E_1>E_2$，故策略1总是优于策略2，故策略2不可行，得证。

定理1说明，在贷款期末，当质押货物市场售价 p_i 小于进口商与出口商签订的购货价 p_e 时，进口商违约不再提货，海运物流公司会选择变卖剩余货物 q，故策略2不会出现，这也符合实际情况。因此，本书以下只需讨论策略1、策略3和策略4下的质押率优化问题。

定理2 当出口商给定交货提前期 L，在策略1、策略3和策略4下，进口商的最优订货批量 Q^* 存在且相等。

证明 在策略1下，进口商的利润展开式为：

$$E(i)_1=(p_i-p_e)(Q-q)-(p_e-p_b)q-\frac{h_i(Q-kL+s)^2}{2k}-\lambda(1+\xi)(p_iQ+\omega Q)-\omega Q-C_i-p_i(1-\alpha)\varepsilon\left[\frac{(k-P)^2Q^2}{2kP^2}-\frac{(k-P)(s-kL)Q}{kP}+\frac{(s-kL)^2}{2k}\right] \tag{3-22}$$

显然，$E(i)_1$ 是关于 Q 的一元二次函数。由于二次项系数 $-\frac{h_i}{2k}-\frac{p_i(1-\alpha)\varepsilon(k-P)^2}{2kP^2}<0$，故一定存在最优的 Q_1^*，使 $E(i)_1$ 值最大。对 $E(i)_1$ 求 Q 的一阶导数并令其等于零，即

$$\frac{\mathrm{d}E(i)_1}{\mathrm{d}Q}=(p_i-p_e)-\frac{h_i(Q-kL+s)}{k}-\lambda(1+\xi)(p_i+\omega)-\omega-p_i(1-\alpha)\varepsilon\left[\frac{(k-P)^2Q}{kP^2}-\frac{(k-P)(s-kL)}{kP}\right]=0 \tag{3-23}$$

则可求得进口商利润最大时的订货批量 Q_1^* 为：

$$Q_1^*=\frac{kP^2[(p_i-p_e)-\lambda(1+\xi)(p_i+\omega)-\omega]}{(k-P)^2p_i(1-\alpha)\varepsilon+h_iP^2}+$$

$$\frac{p_i(1-\alpha)\varepsilon(k-P)(s-kL)P-P^2h_i(s-kL)}{(k-P)^2p_i(1-\alpha)\varepsilon\ +\ h_iP^2} \tag{3-24}$$

在策略 3 下，进口商的利润展开式为：

$$E(i)_3=(p_i-p_e)(Q-q)-\frac{h_i(Q-kL+s)^2}{2k}-\lambda(1+\xi)(p_iQ+\omega Q)-$$
$$\omega Q-C_i-p_i(1-\alpha)\varepsilon\left[\frac{(k-P)^2Q^2}{2kP^2}-\frac{(k-P)(s-kL)Q}{kP}+\frac{(s-kL)^2}{2k}\right] \tag{3-25}$$

显然，策略 3 中的进口商利润 $E(i)_3$ 是关于 Q 的一元二次函数，由于二次项系数 $-\frac{h_i}{2k}-\frac{p_i(1-\alpha)\varepsilon(k-P)^2}{2kP^2}<0$，故一定存在最优的 Q_3^*，使 $E(i)_3$ 值最大。

由式（3-22）和式（3-25）相减，可得：

$$E(i)_3-E(i)_1=(p_e-p_b)q \tag{3-26}$$

根据式（3-26）可知，$E(i)_3$ 和 $E(i)_1$ 只相差常数项，对$E(i)_3$ 求 Q 的一阶导数并令其为零，其结果也应为式（3-23）。所以，在策略 3 下，进口商的最优订货批量 Q_3^* 存在，且 $Q_3^*=Q_1^*$。

又由于，$E(i)_4=E(i)_3$，所以，在策略 4 下，进口商的最优订货批量 Q_4^* 存在，且 $Q_4^*=Q_3^*=Q_1^*=Q^*$，得证。

定理 3　在策略 1、策略 3 和策略 4 下，当进口商以最优订货批量决策时，出口商的最佳交货提前期 L^* 存在且相等。

证明　为简便起见，令

$$M=\frac{kP^2[(p_i-p_e)-\lambda(1+\xi)(p_i+\omega)-\omega]}{(k-P)^2p_i(1-\alpha)\varepsilon+h_iP^2} \tag{3-27}$$

$$N=\frac{p_i(1-\alpha)\varepsilon(k-P)P-P^2h_i}{(k-P)^2p_i(1-\alpha)\varepsilon+h_iP^2} \tag{3-28}$$

则式（3-23）可表示为：

$$Q^* = Q_1^* = M + N(s - kL) \tag{3-29}$$

于是，在策略1下，当进口商以最优订货批量决策时，则出口商利润函数为：

$$E(e)_1 = -\frac{h_e k^2}{2P}L^2 + \frac{kh_e(MN+s) - kNP(p_e - p_a - mrp_i)}{P}L - \frac{h_e}{2P}(M^2 + 2MNs + s^2) + (p_e - p_a - mrp_i)(M + Ns) - C_e \tag{3-30}$$

可见，此时 $E(e)_1$ 是关于 L 的一元二次函数，显然有 $-\frac{h_e k^2}{2P} < 0$，故一定存在最优的 L_1^*，使 $E(e)_1$ 值最大。对 $E(e)_1$ 求 L 的一阶导数并令其等于零，即

$$\frac{dE(e)_1}{dL} = -\frac{h_e k^2}{P}L + \frac{kh_e(MN+s) - kPN(p_e - p_a - mrp_i)}{P} = 0 \tag{3-31}$$

则在策略1下，当进口商以最优订货批量决策时，出口商利润最大时的交货提前期 L_1^* 为：

$$\begin{aligned} L_1^* &= \frac{MN+s}{k} - \frac{P(p_e - p_a - mrp_i)N}{kh_e} \\ &= \frac{P^2[(p_i - p_e) - \lambda(1+\xi)(p_i+\omega) - \omega]}{[(k-P)^2 p_i(1-\alpha)\varepsilon + h_i P^2]^2} \\ &\quad \times [p_i(1-\alpha)\varepsilon(k-P)P - P^2 h_i] + \frac{s}{k} - \\ &\quad \frac{P(p_e - p_a - mrp_i)[p_i(1-\alpha)\varepsilon(k-P)P - P^2 h_i]}{kh_e[(k-P)^2 p_i(1-\alpha)\varepsilon + h_i P^2]} \end{aligned} \tag{3-32}$$

同理，在策略3下，当进口商以最优订货批量决策时，则出口商利润函数为：

$$E(e)_3 = -\frac{h_e k^2}{2P}L^2 + \frac{kh_e(MN+s) - kNP(p_e - p_a - mrp_i)}{P}L - \frac{h_e}{2P}(M^2+2MNs+s^2) + (p_e - p_a - mrp_i)(M+Ns) - C_e - p_e q \tag{3-33}$$

显然，$E(e)_3$ 是关于 L 的一元二次函数，且 $-\frac{h_e k^2}{2P}<0$，故一定存在最优的 L_3^*，使 $E(e)_3$ 的值最大。

由式(3－30)和式(3－33)相减，可得：

$$E(e)_1 - E(e)_3 = p_e q \tag{3-34}$$

根据式(3－34)可知，$E(e)_1$ 和 $E(e)_3$ 只相差常数项，对 $E(e)_3$ 求 L 的一阶导数并令其为零，其结果也为式(3－32)。所以，在策略 3 下，当进口商以最优订货批量决策时，出口商的最佳交货提前期 L_3^* 存在，且 $L_3^* = L_1^*$。

在策略 4 下，当进口商以最优订货批量决策时，则出口商利润函数为：

$$E(e)_4 = -\frac{h_e k^2}{2P}L^2 + \frac{kh_e(MN+s) - kNP(p_e - p_a - mrp_i)}{P}L - \frac{h_e}{2P}(M^2+2MNs+s^2) + (p_e - p_a - mrp_i)(M+Ns) - C_e - (p_e - p_a)q \tag{3-35}$$

显然，$E(e)_4$ 是关于 L 的一元二次函数，且 $-\frac{h_e k^2}{2P}<0$，故一定存在最优的 L_4^*，使 $E(e)_4$ 的值最大。

由式（3－30）和式（3－35）相减，可得：

$$E(e)_1 - E(e)_4 = (p_e - p_a)q \tag{3-36}$$

根据式（3－36）可知，$E(e)_1$ 和 $E(e)_4$ 只相差常数项，对 $E(e)_4$求 L 的一阶导数并令其为零，其结果也为式（3－32）。所以，在策略4下，当进口商以最优订货批量决策时，出口商的最佳交货提前期 L_4^* 存在，且 $L_4^* = L_3^* = L_1^* = L^*$，得证。

定理4 当出口商以最优交货提前期、进口商以最优订货批量决策时，最优质押率存在且可求解。

证明 当出口商以最优交货提前期、进口商以最优订货批量决策时，可将式（3-32）代入式（3-29），得：

$$
\begin{aligned}
Q^* &= M + N^2\left[\frac{P(p_e - p_a - mrp_i)}{h_e} - M\right] \\
&= \frac{kP^2[(p_i - p_e) - \lambda(1+\xi)(p_i+\omega) - \omega]}{(k-P)^2 p_i(1-\alpha)\varepsilon + h_i P^2} \\
&\quad + \left[\frac{p_i(1-\alpha)\varepsilon(k-P)P - P^2 h_i}{(k-P)^2 p_i(1-\alpha)\varepsilon + h_i P^2}\right]^2 \\
&\quad \times \left\{\frac{P(p_e - p_a - mrp_i)}{h_e} - \frac{kP^2[(p_i - p_e) - \lambda(1+\xi)(p_i+\omega) - \omega]}{(k-P)^2 p_i(1-\alpha)\varepsilon + h_i P^2}\right\}
\end{aligned}
\tag{3-37}
$$

再将式（3-32）和式（3-37）代入策略1的总利润函数式（3-13）中，得：

$$
\begin{aligned}
E_1 = &-\frac{h_s N^2 P[P(1+N)^2 + kN^2] + p_i(1-\alpha)\varepsilon N^2[(k-P)N - P]^2}{2kh_e^2} \\
&\times[m^2 p_i^2 r^2 - 2(p_e - p_a)mp_i r + (p_e - p_a)^2] \\
&+ \left\{\frac{(p_i - p_a)N^2 kP - h_s MN[(1 - 2N^2 - N^3)P + kN(1 - N^2)]}{kh_e}\right. \\
&+ \frac{p_i(1-\alpha)\varepsilon MN[P(k-P)(1-2N^2) + NP^2 - N(k-P)^2(1-N^2)]}{kPh_e} \\
&\left. - \frac{[\lambda(1+\xi)(p_i+\omega) - \overline{\omega}]N^2 P}{h_e}\right\} \times (p_e - p_a - mp_i r) - \lambda(1+\xi) \\
&\times (p_i + \omega)M(1 - N^2) + M(p_i - p_a - \overline{\omega})(1 - N^2) -
\end{aligned}
$$

$$(p_i - p_b)q - C_e - C_i - \frac{h_s M^2(1-N^2)^2}{2P} - \frac{h_s M^2(1-N^2-N)^2}{2k} - \frac{p_i(1-\alpha)\varepsilon[MN(k-P)(1-N^2)]^2}{2kP^2} \tag{3-38}$$

可见，E_1 是关于 r 的一元二次函数，且有二次项系数 $a_1 = -\frac{\{h_s N^2 P[P(1+N)^2 + kN^2] + p_i(1-\alpha)\varepsilon N^2[(k-P)N-P]^2\} m^2 p_i^2}{2kh_e^2} < 0$，则一定存在最优解 r_1^*，使 E_1 值最大。对 E_1 求 r 的一阶导数并令其等于零，即

$$\frac{\mathrm{d}E_1}{\mathrm{d}r} = \frac{\{h_s N^2 P[P(1+N)^2 + kN^2] + p_i(1-\alpha)\varepsilon N^2[(k-P)N-P]^2\}[mp_i(p_e - p_a) - m^2 p_i^2 r]}{kh_e^2} - \frac{mp_i}{kPh_e}\{(p_i - p_a)N^2kP^2 - h_s MNP[(1-2N^2-N^3)P + kN(1-N^2)]\} - \frac{mp_i^2(1-\alpha)\varepsilon MN}{kPh_e}[P(k-P)(1-2N^2) + NP^2 - N(k-P)^2(1-N^2)] + \frac{mp_i N^2 P[\lambda(1+\xi)(p_i+\omega) - \overline{\omega}]}{h_e} = 0 \tag{3-39}$$

可得在策略 1 下，当出口商以最优交货提前期、进口商以最优订货批量决策时，使总利润最优的质押率 r_1^* 为：

$$r_1^* = \frac{p_e - p_a}{mp_i} + \{kh_e NP^2[\lambda(1+\xi)(p_i+\omega) - \overline{\omega}] + h_e h_s PM[(1-2N^2-N^3)P + kN(1-N^2)] - h_e p_i(1-\alpha)\varepsilon M[P(k-P)(1-2N^2) + NP^2 - N(k-P)^2(1-N^2)] - h_e P^2 Nk(p_i - p_a)\} \div Pmp_i\{h_s NP[P(1+N)^2 + kN^2]$$

$$+p_i(1-\alpha)\varepsilon N[(k-P)N-P]^2\} \tag{3-40}$$

由于 $E_3=E_1$，所以在策略 3 下，当出口商以最优交货提前期、进口商以最优订货批量决策时，使总利润最优的质押率 $r_3^*=r_1^*$。

再将式（3-32）和式（3-37）代入策略 4 的总利润函数式（3-21）中，得：

$$E_4=-\frac{h_sN^2P[P(1+N)^2+kN^2]+p_i(1-\alpha)\varepsilon N^2[(k-P)N-P]^2}{2kh_e^2}\times$$
$$[m^2p_i^2r^2-2(p_e-p_a)mp_ir+(p_e-p_a)^2]+$$
$$\left\{\frac{(p_i-p_a)N^2kP-h_sMN[(1-2N^2-N^3)P+kN(1-N^2)]}{kh_e}+\right.$$
$$\frac{p_i(1-\alpha)\varepsilon MN[P(k-P)(1-2N^2)+NP^2-N(k-P)^2(1-N^2)]}{kPh_e}-$$
$$\left.\frac{[\lambda(1+\xi)(p_i+\omega)-\overline{\omega}]N^2P}{h_e}\right\}\times(p_e-p_a-mp_ir)+(p_ir-p_a)q-$$
$$\lambda(1+\xi)M(p_i+\omega)(1-N^2)+M(p_i-p_a-\overline{\omega})(1-N^2)-(p_i-p_b)$$
$$q-C_e-C_i-\frac{h_sM^2(1-N^2)^2}{2P}-\frac{h_sM^2(1-N^2-N)^2}{2k}-$$
$$\frac{p_i(1-\alpha)\varepsilon[MN(k-P)(1-N^2)]^2}{2kP^2} \tag{3-41}$$

由式（3-41）可见，E_4 是关于 r 的一元二次函数，且有二次项系数

$$a_2=-\frac{\{h_sN^2P[P(1+N)^2+kN^2]+p_i(1-\alpha)\varepsilon N^2[(k-P)N-P]^2\}m^2p_i^2}{2kh_e^2}<0,$$

则一定存在最优解 r_4^*，使 E_4 值最大。对 E_4 求 r 的一阶导数并令其等于零，即

$$\frac{\mathrm{d}E_4}{\mathrm{d}r}=\frac{\{h_sN^2P[P(1+N)^2+kN^2]+p_i(1-\alpha)\varepsilon N^2[(k-P)N-P]^2\}[mp_i(p_e-p_a)-m^2p_i^2r]}{kh_e^2}-$$

$$\frac{mp_i}{kPh_e}\{(p_i-p_a)N^2kP^2-h_sMNP[(1-2N^2-N^3)P+kN(1-N^2)]\}-$$
$$\frac{mp_i^2(1-\alpha)\varepsilon MN}{kPh_e}[P(k-P)(1-2N^2)+NP^2-N(k-P)^2(1-N^2)]+$$
$$\frac{mp_iN^2P[\lambda(1+\xi)(p_i+\omega)-\overline{\omega}]}{h_e}+p_iq$$
$$=0 \tag{3-42}$$

可得在策略4下，当出口商以最优交货提前期、进口商以最优订货批量决策时，使总利润最优的质押率 r_4^* 为：

$$r_4^*=\{mkh_eN^2P^2[\lambda(1+\xi)(p_i+\omega)-\overline{\omega}]+PNmh_eh_sM$$
$$[(1-2N^2-N^3)P+kN(1-N^2)]-$$
$$P^2N^2mh_ek(p_i-p_a)-Pqkh_e^2-mh_ep_i(1-\alpha)\varepsilon MN\times$$
$$[P(k-P)(1-2N^2)+NP^2-N(k-P)^2(1-N^2)]\}\div$$
$$PNm^2p_i\{h_sNP[P(1+N)^2+kN^2]+p_i(1-\alpha)\varepsilon N[(k-P)N-P]^2\}$$
$$+\frac{p_e-p_a}{mp_i} \tag{3-43}$$

由此可见，在策略1、策略3和策略4下的最优质押率均可求解，且 $r_3^*=r_1^*$，故本书以下只需讨论策略1和策略4下的质押率优化问题。得证。

由式（3-13）和式（3-21）相减，可得：

$$E_1-E_4=(p_ir-p_a)q \tag{3-44}$$

由式（3-44）可知，当 $r\geqslant\frac{p_a}{p_i}$时，$E_1\geqslant E_4$；当 $r<\frac{p_a}{p_i}$时，$E_1<E_4$；在点$\frac{p_a}{p_i}$处，$E_1=E_4$。所以，由式（3-38）和式（3-41）可绘制出总利润函数，如图3-3所示。

由图3-3可见，总利润函数是由两条开口向下的抛物线组成的分段连续性函数。

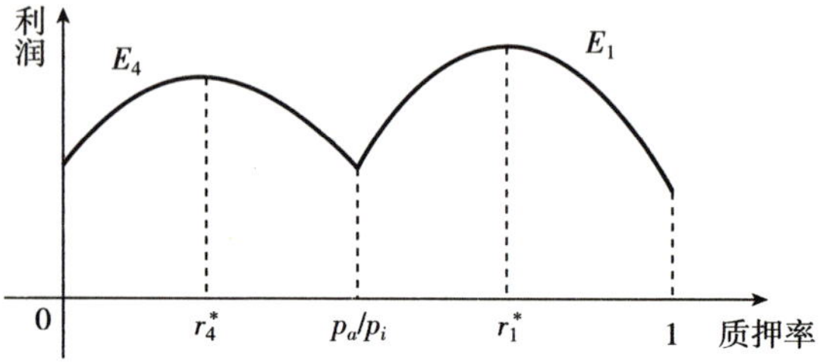

图 3－3　总利润函数

当 $r_m > \frac{p_a}{p_i}$时，即海运物流公司设定的质押率大于$\frac{p_a}{p_i}$时，则有 $E = E_1$。于是，根据定理4，最优质押率为：

$$r^* = \begin{cases} r_m & r_1^* < r_m \\ r_1^* & r_m \leqslant r_1^* \leqslant r_w \\ r_w & r_1^* > r_w \end{cases} \quad (3-45)$$

当 $r_w < \frac{p_a}{p_i}$时，即海运物流公司设定的质押率小于$\frac{p_a}{p_i}$时，则有 $E = E_4$。于是，根据定理4，最优质押率为：

$$r^* = \begin{cases} r_m & r_4^* < r_m \\ r_4^* & r_m \leqslant r_4^* \leqslant r_w \\ r_w & r_4^* > r_w \end{cases} \quad (3-46)$$

当 $r_m \leqslant \frac{p_a}{p_i} \leqslant r_w$ 时，则总利润函数由 E_1 和 E_4 两部分组成，最优质押率需要进行比较后才能确定。将 r_1^* 和 r_w 分别代入式（3－13）中，计算 $E_1(r_1^*)$和 $E_1(r_w)$值；将 r_4^* 和 r_m 分别代入式（3－21）中，计算 $E_4(r_4^*)$和 $E_4(r_m)$值。比较 $E_1(r_1^*)$、$E_1(r_w)$、$E_4(r_4^*)$和 $E_4(r_m)$值的

大小，找出其中最大值所对应的质押率 r_0，则有：

$$r^* = \begin{cases} r_m & r_0 < r_m \\ r_0 & r_m \leqslant r_0 \leqslant r_w \\ r_w & r_0 > r_w \end{cases} \tag{3-47}$$

三、求解步骤设计与算例分析

根据本章建立的质押率优化模型以及海运物流公司、出口商和进口商三方的决策顺序，采用能够求解 Stackelberg 问题的经典逆向归纳法，设计求解步骤，并对参数进行合理取值，进行算例分析，以验证模型的适用性和有效性。

（一）逆向归纳求解步骤设计

由出口海陆仓融资的业务流程可知，海运物流公司设定一个质押率后，出口商根据此质押率确定交货提前期，进口商再根据出口商的交货提前期确定自身的订货批量。由此可见，在出口海陆仓融资中，海运物流公司、出口商和进口商三者之间的决策体现为双重 Stackelberg 主从对策博弈关系，这是一种动态博弈，博弈参与人的行动存在着先后次序，并且后行动的参与人能够观察到前面的行动（潘天群，2003）。逆向归纳法是求解动态博弈均衡的有效方法，它从动态博弈的最后一个阶段开始分析，逐步向前归纳出各阶段博弈人的选择策略，以求解动态博弈的均衡结果（胡洋，2017）。因此，根据上述推理分析，本章采用逆向归纳法，可设计最优质押率的求解步骤如下：

①根据定理3，得到含有 r 的 L^* 表达式（3－32）。

②根据定理2，将式（3－32）代入式（3－24），得到含有 r 的 Q^* 表达式，这样，L^* 与 Q^* 都为 r 的函数。

③根据定理4，再将 L^* 与 Q^* 代入 E_1、E_4，得到 r_1^* 表达式（3－40）和 r_4^* 表达式（3－43）。

④计算 r_1^*、r_4^*、$\frac{p_a}{p_i}$，再计算 $E_1(r_1^*)$、$E_1(r_w)$、$E_4(r_4^*)$ 和 $E_4(r_m)$ 值。

⑤比较 $\frac{p_a}{p_i}$ 与 r_m 的大小。若 $r_m > \frac{p_a}{p_i}$，执行步骤⑥；反之，进入步骤⑦。

⑥比较 r_1^* 与 r_m 和 r_w 的大小。根据式（3－45），得出最优质押率，转入步骤⑩。

⑦比较 $\frac{p_a}{p_i}$ 与 r_w 的大小。若 $r_w < \frac{p_a}{p_i}$，执行步骤⑧；反之，执行步骤⑨。

⑧比较 r_4^* 与 r_m 和 r_w 的大小。根据式（3－46），得出最优质押率，转入步骤⑩。

⑨比较 $E_1(r_1^*)$、$E_1(r_w)$、$E_4(r_4^*)$ 和 $E_4(r_m)$ 的大小，得出最大值对应的质押率 r_0。根据式（3－47），得出最优质押率，转入步骤⑩。

⑩输出结果，求解步骤结束。

（二）优化结果分析

对某出口海陆仓融资业务中的铜产品进行模拟质押。假设出口商的生产准备成本为24000元/次，进口商的订货固定成本为18000元/次；进口商的单位商品进货价为30000元/吨，单位商品原材料价格为27000元/吨，处理价为28000元/吨；出口商和进口商每单位货物的仓储费用分别为25元/吨·月和40元/吨·月；海运物流公司仓库管理费用为20元/吨·月，单位运价和海运成本分别为3000元/吨和2000元/吨，保险费率为3‰，保险加成率为10%，融资服务费率为4%，设定的质押率下限为10%，质押率上限为90%；出口商生产率为22000吨/月，进口商库存消耗速度为22050吨/月；进口商安全库存为1500吨，质押余量为1000吨，缺货时愿意等待的顾客比例为0.72，给顾客的缺货价格折扣为8折。

当质押货物市场需求波动时，选取2016年2月1日~4月30日期间上海期货交易所的一组铜（cu1605）周收盘价数据作为质押物市场售价，如表3-1所示。

表3-1　2016年2月1日~4月30日上海期货交易所铜（cu1605）周收盘价

时间	周收盘价（元/吨）
2016/02/01~2016/02/07	35600
2016/02/15~2016/02/21	35860
2016/02/22~2016/02/28	36480
2016/02/29~2016/03/06	35880
2016/03/07~2016/03/13	38090
2016/03/14~2016/03/20	37750
2016/03/21~2016/03/27	38160
2016/03/28~2016/04/03	37510
2016/04/04~2016/04/10	36780
2016/04/11~2016/04/17	35870
2016/04/18~2016/04/24	36570
2016/04/25~2016/05/01	38000

为了更直观地展示市场售价与最优质押率变动趋势之间的关联性，对表3-1中2016年2月1日~4月30日上海期货交易所提供

的铜（cu1605）的周收盘价数据重新按由小至大的顺序排列，并利用 Matlab 软件包对该算例进行求解，得到在不同质押物市场售价下，海运物流公司的最优质押率、出口商的最佳交货提前期以及进口商的最优订货批量结果，如表 3－2 所示。

表 3－2　市场售价不同的最优质押率、最佳交货提前期、最优订货批量结果

p_i（元/吨）	35600	35860	35870	35880	36480	36570	36780	37510	37750	38090	38160
r^*（%）	90	85.82	85.36	84.89	57.59	53.58	44.29	12.81	10	10	10
L^*（天）	51	52	52	52	55	56	56	59	60	61	61
Q^*（吨）	45162	47436	47521	47607	52462	53154	54729	59885	61485	63682	64127

根据表 3－2，可以得到如下结论：

（1）当质押物市场需求波动导致市场售价变化时，均存在最优的质押率。即无论市场需求如何变化，采用本书构建的质押率优化模型均可得到出口海陆仓融资下海运物流公司的最优质押率，再次证明了本书所构建模型和设计算法的有效性。

（2）最优质押率与最佳交货提前期、最优订货批量呈负相关关系。

（3）质押物市场价格与最优质押率呈负相关关系，即在其他参数不变的情况下，当贷款期初质押物市场价格较高时，海运物流公司只需设定较低的质押率即可得到较高的期望利润。究其原因，是由于贷款期初质押物市场价格越高，则海运物流公司设定较低的质押率即可给予出口商相同数额的贷款。而随着质押率的降低，海运物流公司的风险损失也会降低，因而其最大期望利润就会越高。由此可见，质押货物价格的高低是影响最优质押率变化的重要条件，当出口商有多次融资需求时，海运物流公司应时刻关注每次贷款质押物期初价格的变化情况，根据期初价格的升高（或降低）来优化调低（或调高）其质押率，以获取最大利润。

四、进/出口商售价和进货价的敏感性分析

根据上述算例分析可知，质押物市场需求波动会导致市场价格发生变化，进而对进口商的履约产生影响，并最终对海运物流公司的质押率优化决策产生影响。因此，除了进口商市场售价以外，以下条件的变化必然也会影响海运物流公司制定最优质押率的结果：①进口商进货价（即出口商售价）的变化；②出口商进货价（即出口商原材料购买价格）的变化。为验证本章所提出模型方法的适用性和有效性，下面进一步运用敏感性分析方法探讨这些条件变化对海运物流公司质押率优化结果的影响。

（一）进口商售价和进货价对质押率的影响

图 3－4 展示了在假定进口商市场售价 p_i 为 37000 元/吨的情况下，进口商进货价 p_e 变化的敏感性分析结果。

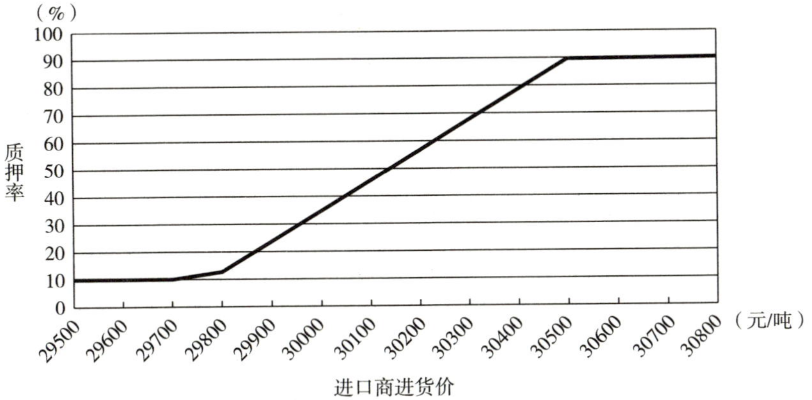

图 3－4 进口商进货价与质押率的关系

从图 3－4 可以看出，在其他条件不变的情况下，进口商进货价与最优质押率正相关，然而当进货价增加到一定程度时，质押率的变动趋于平缓，这是由于通过模型求得的质押率超过了海运物流公司设立的质押率上限，实际融资应采用质押率上限作为最优质押率；当进货价减少到一定程度时质押率也趋于平缓，这是由于求得的质押率小于海运物流公司设立的质押率下限，在实际融资时应采用质押率下限作为最优质押率。

接下来，运用 Matlab 软件制作三维图形的程序（夏爱生和刘俊峰，2016），令进口商市场售价和进货价同时变动，观察最优质押率的变化规律。图 3－5 展示了在进口商市场售价和进货价都变动的情况下，最优质押率的变化情况。

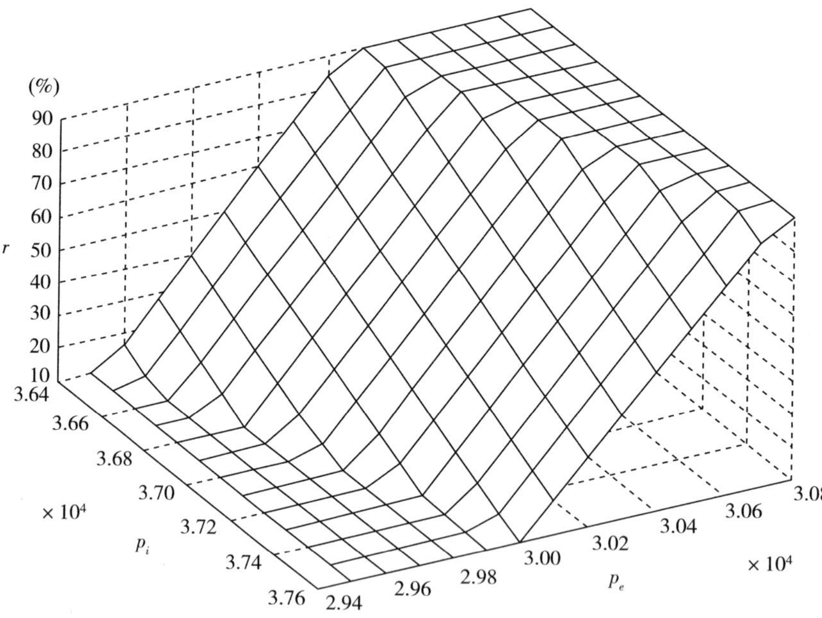

图 3－5　进口商售价、进货价与质押率的关系

注：进口商售价 p_i 和进口商进货价 p_e 的单位为元/吨。

从图 3－5 可以看出，在不同售价下，进口商进货价与最优质押率都呈正相关关系，且当进货价增加到一定程度时，质押率的变动趋于平缓，在实际融资时应采用质押率上限作为最优质押率；当进货价减少到一定程度时质押率也趋于平缓，在实际融资时应采用质押率下限作为最优质押率。符合本书提出的质押率优化模型方法。

（二）进口商售价和出口商进货价对质押率的影响

图3－6展示了在假定进口商售价 p_i 为37000元/吨的情况下，出口商进货价（即出口商原材料购买价格）p_a 变化时的敏感性分析结果。

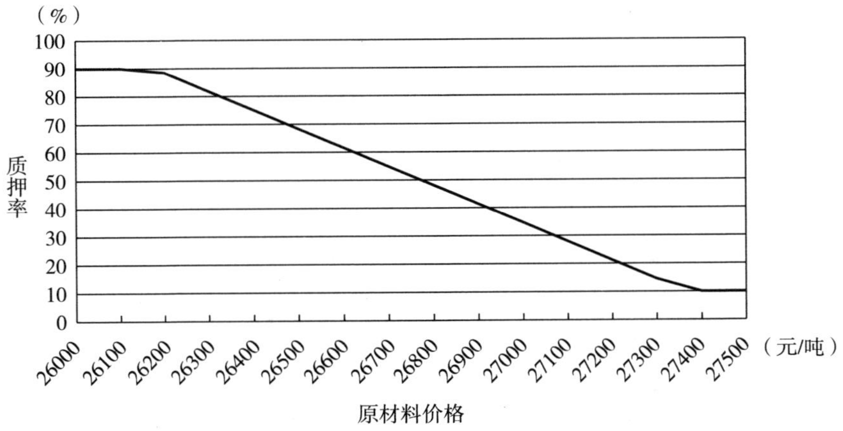

图3－6　出口商原材料购买价格与质押率的关系

从图3－6可以看出，在其他条件不变的情况下，出口商原材料购买价格与质押率负相关，当出口商原材料购买价格低至一定程度时，质押率的变动趋于平缓，这是由于通过模型求得的质押率超过了海运物流公司设立的质押率上限，实际融资应采用质押率上限作为最优质押率；当出口商原材料购买价格增加到一定程度时质押率也趋于平缓，这是由于求得的质押率小于海运物流公司设立的质押率下限，在实际融资时应采用质押率下限作为最优质押率。

图 3 -7 展示了在进口商市场售价和出口商原材料购买价格都变动的情况下，最优质押率的变化情况。

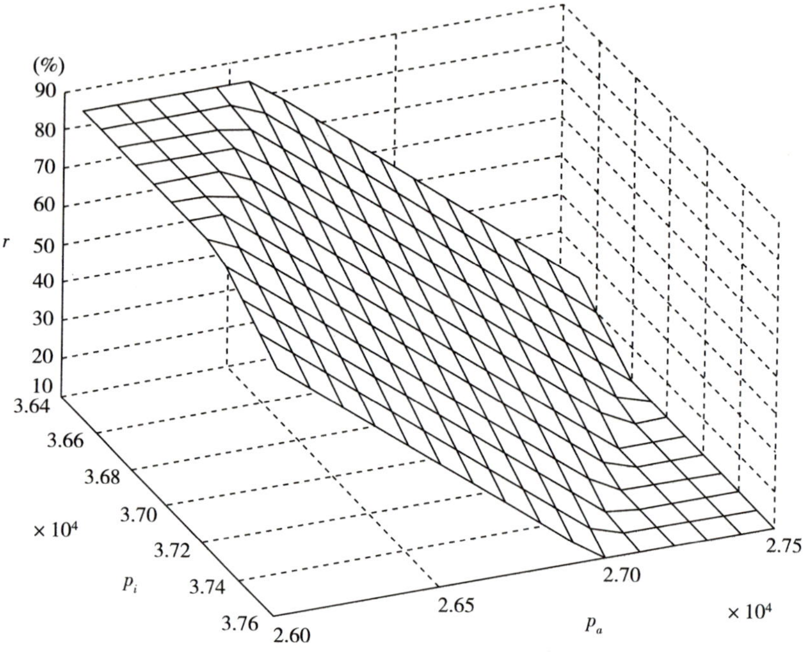

图 3 -7　进口商售价、出口商原材料购买价格与质押率的关系

注：进口商售价 p_i 和出口商原材料购买价格 p_a 的单位为元/吨。

从图 3 -7 可以看出，在不同售价下，出口商原材料购买价格与最优质押率都呈负相关关系，且当出口商原材料购买价格减少到一定程度时，质押率的变动趋于平缓，是由于通过模型求得的质押率超过了海运物流公司设立的质押率上限，在实际融资时应采用质押率上限作为最优质押率；当出口商原材料购买价格增加到一定程度时质押率也趋于平缓，这是由于求得的质押率小于海运物流公司设立的质押率下限，在实际融资时应采用质押率下限作为最优质押率。

符合本书提出的质押率优化模型方法。

综上，当进口商的货物售价、进货价、出口商原材料购买价格发生变化时，本书提出的质押率优化模型方法仍然有效，表明该模型方法具有较好的普适性，可用于实际的海陆仓融资业务决策中。

五、本章小结

在出口海陆仓融资业务中，需求波动会对质押物价值产生影响，可能导致进口商和出口商出现违约情况，而质押率优化是融资风险管理和控制决策的关键。

由出口海陆仓融资业务流程可知，海运物流公司、出口商和进口商三方交易决策体现为双重 Stackelberg 博弈的关系。第一重博弈发生在海运物流公司和出口商之间，海运物流公司先设定质押率 r，出口商据此确定交货提前期 L。海运物流公司为博弈的主导者，出口商为服从者。第二重博弈发生在出口商和进口商之间，出口商确定交货提前期 L，进口商据此确定订货批量 Q。出口商为博弈的主导者，进口商为服从者。

因此，本章针对需求不确定条件下的出口海陆仓融资质押率优化问题，应用双重 Stackelberg 博弈原理分析构造了海运物流公司、出口商、进口商之间四种博弈策略下的总利润函数，以供应链总利润最大化为目标，构建质押率分段函数优化模型，并论证了质押率最优解的存在。采用反向推理法设计了求解步骤：首先，令出口商利润最大化，得到含有 r 的最佳交货提前期 L^* 表达式；其次，令进口商利润最大化，得到含有 L^* 的最佳订货批量 Q^* 表达式；最后，令总利润函数最大，即可得到最优质押率 r^*。

通过设定有关参数取值，并选取2016年2月1日~4月30日期间上海期货交易所提供的一组铜（cu1605）周收盘价数据，利用Matlab软件包对算例进行了求解，得到了海运物流公司的最优质押率，并同步优化了出口商的交货提前期决策和进口商的订货批量决策。算例分析结果表明，当质押物市场需求波动时，采用本书构建的模型方法均可求得最优质押率，从而验证了模型的适用性和有效性。敏感性分析进一步表明，最优质押率与最佳交货提前期、最优订货批量呈负相关关系，最优质押率与进口商进货价呈正相关关系，与质押物市场售价和出口商原材料购买价格呈负相关关系。因此，在需求不确定条件下，海运物流公司也应密切关注质押货物价格的变化情况，根据不同的博弈策略，结合进/出口商购买和出售货物价格的变化，设定合理的质押率，从而提高供应链的整体利益。本章研究结论可为出口海陆仓融资优化决策提供科学参考。

第四章

价格不确定条件下出口海陆仓质押率优化

根据第三章研究结论可知，质押物价格的变化对出口海陆仓融资质押率优化也会产生重要影响，而且价格是影响质押物价值波动的重要因素，因此，本章针对价格不确定条件下的出口海陆仓融资质押率进行优化，以期为海运物流公司的融资优化决策提供科学的指导意见。

一、问题描述

由于质押物的价格在质押期内经常会发生波动，可能导致贷款期末该批质押物价值小于贷款本息，从而引发出口商违约不还贷的风险出现，进而影响海运物流公司的利润。因此，质押物价格波动下的出口海陆仓融资质押率优化也成为海运物流公司一个迫切需要解决的理论和实践问题。

（一）质押物价格波动对质押率的影响分析

在贷款期末，当质押物市场价值大于出口商的贷款本息时，出口商偿还贷款；当质押物市场价值不大于出口商的贷款本息时，出口商可能不还贷，海运物流公司变卖质押物以补足资金敞口。由此可见，海运物流公司期望利润变化的基础在于出口商是否违约，出口商违约的基础在于质押物市场价值是否大于贷款本息。

质押物市场价值等于需求与价格的乘积，因此，为了更明晰地展示价格波动对质押率优化的影响，本章假定市场需求不变，研究质押物市场价格波动下的海运物流公司质押率优化决策。

（二）价格不确定下质押率优化思路

解决质押物价格波动下出口海陆仓融资质押率优化问题的思路如下：

首先，利用条件概率原理，分析得到质押物市场价值是否大于贷款本息、贷款期末质押物市场价格是否大于贷款期初质押物市场价格等事件同时发生的概率。

其次，结合上述概率，考虑质押物在发货地的仓储费、海运费和收货地的仓储费以及出口商的违约概率，构建海运物流公司在质押物价格波动下的期望利润分段函数模型。

最后，利用解析法求解该函数，得出最优质押率。

二、价格不确定条件下质押率优化模型

本章拟建立价格不确定条件下的出口海陆仓融资质押率优化模型。为便于对该优化问题的建模与求解，本书做出一些假设，并针对优化模型中会用到的参数与决策变量进行符号说明。

（一）模型假设与符号说明

1. 模型假设

（1）在质押期内，质押物的市场需求不发生波动。

（2）海运物流公司的收入利率与支出利率都按单利计算。

（3）质押物价格在质押期内服从均匀分布规律。

2. 模型参数设定

I_R 表示海运物流公司收入利率，即海运物流公司向出口商收取的融资服务费率。

I_r 表示海运物流公司支出利率，即海运物流公司向合作银行支付的利率。

S_e 表示海运物流公司在出口地仓库的单位仓储费率。

C_e 表示海运物流公司在出口地仓库的单位仓储成本。

C_f 表示海运物流公司在出口地仓库的仓储固定成本。

S_i 表示海运物流公司在收货地仓库的单位仓储费率。

C_i 表示海运物流公司在收货地仓库的单位仓储成本。

C_g 表示海运物流公司在收货地仓库的仓储固定成本。

R 表示海运物流公司的单位货物运价。

C_s 表示海运物流公司的单位货物海运成本。

C_j 表示海运物流公司的海运固定成本。

T_1 表示从质押物进入海运物流公司在出口地的仓库，到装船发运的时长。

T_2 表示海运时长。

T_3 表示从质押物到达海运物流公司在进口地的境外监管仓，到出口商还贷的时长。

T 表示质押贷款总时长，$T = T_1 + T_2 + T_3$。

Q 表示出口商的质押量。

α 表示质押物市场价值不大于贷款本息时出口商的违约概率。

β 表示海运物流公司处理货物的价格折扣。

P_0 表示贷款期初质押物市场价格。

P_m 表示质押物市场价格波动的下限。

P_n 表示质押物市场价格波动的上限。

其中，P_m 和 P_n 可以依据一定年限内的历史数据获得。

3. 决策变量定义

p 表示贷款期末质押物市场价格。

ω 表示海运物流公司给出的质押率。

（二）价格波动下海运物流公司获利概率分析

出口海陆仓“陆—海—陆”货物联合质押问题是通过发货地“陆”上仓储费用、“海”上运输费用、收货地“陆”上仓储费用以及全程质押贷款本息所体现的。因此，根据以上符号定义，海运物流公司在发货地的陆上仓储盈利为$(S_e - C_e)QT_1 - C_f$，海上运输盈利为$(R - C_s)Q - C_j$，在收货地的陆上仓储盈利为$(S_i - C_i)QT_3 - C_g$，T 时刻出口商的贷款本息为 $\omega P_0 Q(1 + I_R T)$。

贷款期末，若质押物市场价值不大于贷款本息，记为事件 X；若质押物市场价值大于贷款本息，记为事件 $\overline{X}$。显然事件 X 和事件 $\overline{X}$ 为互补事件。事件 X 发生的概率 $\Pr(X)$ 为：

$$\begin{aligned}\Pr(X) &= \Pr\{pQ \leqslant \omega P_0 Q(1 + I_R T)\} \\ &= \Pr\{p \leqslant \omega P_0(1 + I_R T)\}\end{aligned} \tag{4-1}$$

根据出口海陆仓业务实际，只有当质押物市场价值不大于贷款本息时，出口商才有可能违约。由于质押物市场价值等于需求与价格的乘积，本书假定市场需求不变，故只需根据质押物市场价格的变化，即可判断出口商是否违约。而在出口商违约概率不同的情形下，海运物流公司会获得不同的（期望）利润。因此，为了求得海运物流公司的期望利润，需要计算下列不同情形下的利润概率。

1. 情形 1

贷款期末质押物市场价格不大于贷款期初质押物市场价格（记为事件 Y_1），即 $p < P_0$。由于 $p \in [P_m, P_n]$，则 Y_1 发生的概率 $\Pr(Y_1)$ 为：

$$\Pr(Y_1) = \int_{P_m}^{P_0} f(p)\,\mathrm{d}p \tag{4-2}$$

其中，$f(p)$ 为概率密度函数。

（1）若 $\omega P_0(1+I_R T) < P_m$，即 $\omega < \dfrac{P_m}{P_0(1+I_R T)}$，则 X 和 Y_1 同时发生的概率 $\mathrm{P}_1 = \Pr(X \cap Y_1) = 0$，$\overline{X}$ 和 Y_1 同时发生的概率 $\overline{\mathrm{P}_1} = \Pr(\overline{X} \cap Y_1) = \int_{P_m}^{P_0} f(p)\,\mathrm{d}p$。

（2）若 $P_m \leqslant \omega P_0(1+I_R T) \leqslant P_0$，即 $\dfrac{P_m}{P_0(1+I_R T)} \leqslant \omega \leqslant \dfrac{1}{1+I_R T}$，则 X 和 Y_1 同时发生的概率 $\mathrm{P}_2 = \int_{P_m}^{\omega P_0(1+I_R T)} f(p)\,\mathrm{d}p$，$\overline{X}$ 和 Y_1 同时发生的概率 $\overline{\mathrm{P}}_2 = \int_{\omega P_0(1+I_R T)}^{P_0} f(p)\,\mathrm{d}p$。

为简便起见，记 $\omega_1 = \dfrac{P_m}{P_0(1+I_R T)}$，$\omega_2 = \dfrac{1}{1+I_R T}$。

（3）若 $\omega P_0(1+I_R T) > P_0$，即 $\omega > \omega_2$，则 X 和 Y_1 同时发生的概率 $\mathrm{P}_3 = 0$，$\overline{X}$ 和 Y_1 同时发生的概率 $\overline{\mathrm{P}}_3 = \int_{P_m}^{P_0} f(p)\,\mathrm{d}p$。

2. 情形 2

贷款期末质押物市场价格大于贷款期初质押物市场价格（记为事件 Y_2），即 $p \geqslant P_0$，则 Y_2 发生的概率 $\Pr(Y_2)$ 为：

$$\Pr(Y_2) = \int_{P_0}^{P_n} f(p)\,\mathrm{d}p \tag{4-3}$$

（1）若 $\omega P_0\ (1+I_RT) < P_0$，即 $\omega < \omega_2$，则 X 和 Y_2 同时发生的概率 $\mathrm{P}_4=0$，$\overline{X}$ 和 Y_2 同时发生的概率 $\overline{\mathrm{P}}_4 = \int_{P_0}^{P_n} f(p)\,\mathrm{d}p$。

（2）若 $P_0 \leqslant \omega P_0\ (1+I_RT) \leqslant P_n$，即 $\omega_2 \leqslant \omega \leqslant \frac{P_n}{P_0(1+I_RT)}$，则 X 和 Y_2 同时发生的概率 $\mathrm{P}_5 = \int_{P_0}^{\omega P_0(1+I_RT)} f(p)\,\mathrm{d}p$，$\overline{X}$ 和 Y_2 同时发生的概率 $\overline{\mathrm{P}}_5 = \int_{\omega P_0(1+I_RT)}^{P_n} f(p)\,\mathrm{d}p$。

为简便起见，记 $\omega_3 = \frac{P_n}{P_0(1+I_RT)}$。

（3）若 $\omega P_0\ (1+I_RT) > P_n$，即 $\omega > \omega_3$，则 X 和 Y_2 同时发生的概率 $\mathrm{P}_6 = \int_{P_0}^{P_n} f(p)\,\mathrm{d}p$，$\overline{X}$ 和 Y_2 同时发生的概率 $\overline{\mathrm{P}}_6=0$。

显然有，$\omega_1 < \omega_2 < \omega_3$。

综上，当 p 在不同范围内波动时，质押物市场价值不大于贷款本息的概率也会发生变化，具体分布情况如表 4－1 所示。

表 4－1　质押物价格波动不同情形下的概率

质押率区间	$[0,\omega_1)$	$[\omega_1,\omega_2)$	$[\omega_2,\omega_3)$	$[\omega_3,1]$
$\Pr(X\cap Y_1)+\Pr(X\cap Y_2)$	0	$\int_{P_m}^{\omega P_0(1+I_RT)} f(p)\,\mathrm{d}p$	$\int_{P_0}^{\omega P_0(1+I_RT)} f(p)\,\mathrm{d}p$	$\int_{P_0}^{P_n} f(p)\,\mathrm{d}p$
$\Pr(\overline{X}\cap Y_1)+\Pr(\overline{X}\cap Y_2)$	$\int_{P_m}^{P_n} f(p)\,\mathrm{d}p$	$\int_{\omega P_0(1+I_RT)}^{P_n} f(p)\,\mathrm{d}p$	$\int_{P_m}^{P_0} f(p)\,\mathrm{d}p + \int_{\omega P_0(1+I_RT)}^{P_n} f(p)\,\mathrm{d}p$	$\int_{P_m}^{P_0} f(p)\,\mathrm{d}p$

表 4－1 展现了在质押物价格波动的情况下，质押物市场价值不大于贷款本息事件和质押物市场价值大于贷款本息事件在不同区间

的概率。其中，$\Pr(X\cap Y_1)+\Pr(X\cap Y_2)$表示价格波动下质押物市场价值不大于贷款本息的概率，$\Pr(\overline{X}\cap Y_1)+\Pr(\overline{X}\cap Y_2)$表示价格波动下质押物市场价值大于贷款本息的概率。因此，接下来结合这些概率，对价格不确定下海运物流公司的期望利润函数进行分析，以得到期望利润最大情况下的最优质押率，这也是价格波动在本书模型中的体现。

（三）价格不确定下海运物流公司期望利润函数

在出口商不同的违约概率下，海运物流公司会获得不同的（期望）利润。当贷款期末质押物市场价格大于贷款期初质押物价格时，出口商不会违约，此时海运物流公司的利润 E_1 为：

$$E_1=\omega P_0Q(I_R-I_r)T+(S_e-C_e)QT_1-C_f+(S_i-C_i)QT_3-C_g+(R-C_s)Q-C_j \tag{4-4}$$

为简便起见，记为：

$$a=(S_e-C_e)QT_1-C_f+(S_i-C_i)QT_3-C_g+(R-C_s)Q-C_j \tag{4-5}$$

当贷款期末质押物市场价格不大于贷款期初质押物价格时，出口商会以 α 的概率违约。若出口商违约，海运物流公司则会以 β 的折扣处理这批质押物，以补足担保的贷款资金敞口。此时海运物流公司的期望利润 E_2 为：

$$\begin{aligned}E_2&=\alpha[\beta pQ-\omega P_0Q(1+I_rT)+a]+(1-\alpha)E_1\\&=\alpha Q(\beta p-\omega P_0)+\omega P_0Q(I_R-\alpha I_R-I_r)T+a\end{aligned} \tag{4-6}$$

将表 4-1 中不同事件发生情形下的概率及海运物流公司的（期望）利润式（4-4）和式（4-6）结合起来，可以得到海运物流公司在四个质押率区间内的期望利润如下：

1. 当 $0\leqslant\omega<\omega_1$ 时

在 T 时刻海运物流公司的期望利润 $E(\omega)_1$ 为：

$$E(\omega)_1 = P_1E_2 + P_4E_2 + \overline{P_1}E_1 + \overline{P_4}E_1$$
$$= [\omega P_0Q(I_R - I_r)T + a]\int_{P_m}^{P_n} f(p)\,dp \tag{4-7}$$

2. 当 $\omega_1 \leqslant \omega < \omega_2$ 时

在 T 时刻海运物流公司的期望利润 $E(\omega)_2$ 为：

$$E(\omega)_2 = P_2E_2 + P_4E_2 + \overline{P_2}E_1 + \overline{P_4}E_1$$
$$= \alpha\beta Q\int_{P_m}^{\omega P_0(1+I_RT)} pf(p)\,dp - \alpha\omega P_0Q(1 + I_RT)$$
$$\int_{P_m}^{\omega P_0(1+I_RT)} f(p)\,dp + [\omega P_0Q(I_R - I_r)T + a]\int_{P_m}^{P_n} f(p)\,dp \tag{4-8}$$

3. 当 $\omega_2 \leqslant \omega < \omega_3$ 时

在 T 时刻海运物流公司的期望利润 $E(\omega)_3$ 为：

$$E(\omega)_3 = P_3E_2 + P_5E_2 + \overline{P_3}E_1 + \overline{P_5}E_1$$
$$= \alpha\beta Q\int_{P_0}^{\omega P_0(1+I_RT)} pf(p)\,dp - \alpha\omega P_0Q(1 + I_RT)\int_{P_0}^{\omega P_0(1+I_RT)} f(p)\,dp$$
$$+ [\omega P_0Q(I_R - I_r)T + a]\int_{P_m}^{P_n} f(p)\,dp \tag{4-9}$$

4. 当 $\omega_3 \leqslant \omega \leqslant 1$ 时

T 时刻海运物流公司的期望利润 $E(\omega)_4$ 为：

$$E(\omega)_4 = P_3E_2 + P_6E_2 + \overline{P_3}E_1 + \overline{P_6}E_1$$
$$= \alpha\beta Q\int_{P_0}^{P_n} pf(p)\,dp - \alpha\omega P_0Q(1 + I_RT)\int_{P_0}^{P_n} f(p)\,dp +$$
$$[\omega P_0Q(I_R - I_r)T + a]\int_{P_m}^{P_n} f(p)\,dp \tag{4-10}$$

综上，在出口海陆仓融资业务中，海运物流公司在 T 时刻的期望利润函数为：

$$E(\omega)=\begin{cases}E(\omega)_1 & 0\leqslant\omega<\omega_1\\E(\omega)_2 & \omega_1\leqslant\omega<\omega_2\\E(\omega)_3 & \omega_2\leqslant\omega<\omega_3\\E(\omega)_4 & \omega_3\leqslant\omega\leqslant1\end{cases}\tag{4-11}$$

由式（4－7）~式（4－11）可见，在价格不确定条件下，海运物流公司期望利润 $E(\omega)$ 是关于质押率 ω 的分段函数。因此，令 $E(\omega)$ 在区间［0，1］上取得最大值，便可求得最优质押率。

三、求解方法与算例分析

在求解出口海陆仓融资供应链全局优化问题时可以采用计算效率较高的解析法，即利用函数的凹凸性、单调性、连续性等解析性质，通过逻辑推理和公式推导，得到含有质押率的海运物流公司期望利润函数的解析表达式（王宜举和修乃华，2015）。根据上一节建立的价格波动下海运物流公司期望利润分段函数模型，利用函数的导数和连续函数性质，可求得海运物流公司期望利润函数在给定区间的最大值（谈之奕和林凌，2015），从而得到令海运物流公司期望利润最大化的最优质押率。由于海运物流公司期望利润分段函数包含多阶段积分，计算量较大，因此可以采用 Matlab 软件包对算例进行快速求解（刘衍民和曾庆雨，2017），从而得到不同质押物市场售价下的海运物流公司最优质押率和最大期望利润。

在采用 Matlab 软件快速求解出口海陆仓融资质押率优化问题的过程中，调用 *diff* 函数来实现一元函数的求导、求微积分以及求多元函数的偏导数，基本调用格式为 $diff(S)$，即当表达式 S 为一元函数时，用于计算 S 中的符号变量 v 的一阶导数；当表达式 S 为多元函数时，用于表达式 S 对一个自变量 v 求一阶偏导。同时，调用 $int(f, t, a, b)$ 命令对函数 f 求自变量 t 从 a 到 b 的定积分（翁连贵和吴钦宽，2016）。

（一）解析法求解步骤设计

根据上述推理分析，可设计如下求解步骤：

步骤1：利用已知参数确定质押率的四个区间 $[0, \omega_1)$、$[\omega_1, \omega_2)$、$[\omega_2, \omega_3)$、$[\omega_3, 1]$，构建海运物流公司期望利润函数，得到分段函数在每个质押率区间内的导函数。

步骤2：判断海运物流公司期望利润的分段函数在每个区间内的单调性，求出最优质押率。

在区间 e 内，若 $\frac{dE(\omega)_e}{d\omega}>0(e=1, 2, 3, 4)$，则表明 $E(\omega)_e$ 在区间 e 内单调递增，在区间 e 上限取得最大值 $E(\omega)_e^*$，此时的上限记为质押率 ω^*；在区间 e 内，若 $\frac{dE(\omega)_e}{d\omega}<0(e=1, 2, 3, 4)$，则表明 $E(\omega)_e$ 在区间 e 内单调递减，在区间 e 下限取得最大值 $E(\omega)_e^*$，此时的下限记为质押率 ω^*。

否则，求解 $\frac{dE(\omega)_e}{d\omega}=0(e=1, 2, 3, 4)$，则可得到质押率 ω^*。

步骤3：将 ω^* 代入式(4-7)~式(4-10)求得 $E(\omega)_e^*$，比较 $E(\omega)_e^*(e=1, 2, 3, 4)$的大小，得出最大 $E(\omega)_e^*$ 值，其对应的 ω^* 即为最优质押率。

（二）算例结果分析

为验证模型的有效性，本书结合相关参数进行分析，海运物流公司的收入利率和支出利率分别为6‰和4‰，海运物流公司在出口地仓库的单位仓储费率、单位仓储成本和仓储固定成本分别为0.5元/吨/天、0.1元/吨/天和1000元，海运物流公司在收货地仓库的单位仓储费率、单位仓储成本和仓储固定成本分别为0.7元/吨/天、0.2元/吨/天和2000元，海运物流公司的单位货物运价、单位货物海运成本和海运固定成本分别为3000元/吨、2000元/吨和9000元，质押物从进入海运物流公司在出口地的仓库到装船发运的时长为15天，海运时长为50天，质押物从到达海运物流公司在进口地的境外监管仓到出口商还贷的时长为20天，出口商的质押量为500吨，质押物市场价值不大于贷款本息时出口商的违约概率为0.7，海运物流公司会按6折的价格处理货物。假设质押物价格服从［10000，18000］元/吨上的均匀分布。

选取2017年4月3日~6月4日期间上海期货交易所的一组铝（al1706）周收盘价数据作为期初质押物市场价格，如表4-2所示。

表4-2　2017年4月3日~6月4日上海期货交易所铝（al1706）周收盘价

时间	周收盘价（元/吨）
2017/04/03~2017/04/09	14240
2017/04/10~2017/04/16	13970
2017/04/17~2017/04/23	14255
2017/04/24~2017/04/30	14375
2017/05/01~2017/05/07	13960
2017/05/08~2017/05/14	13795
2017/05/15~2017/05/21	13985
2017/05/22~2017/05/28	13930
2017/05/29~2017/06/04	13680
2017/06/05~2017/06/11	13610

续表

时间	周收盘价（元/吨）
2017/06/12 ~ 2017/06/18	13560
2017/04/03 ~ 2017/04/09	14240

为了更直观地展示质押物价格与最优质押率变动趋势之间的关联性，对表4－2中2017年4月3日~6月4日上海期货交易所提供的铝（al1706）的周收盘价数据重新按由小至大的顺序排列，并根据上述求解步骤，利用Matlab软件包设计求解程序，对该算例进行求解，得到在不同期初质押物市场价格下海运物流公司最优质押率和最大期望利润，结果如表4－3所示。

表4－3　不同期初质押物市场价格下的最优质押率及最大期望利润

P_0（元/吨）	13560	13610	13680	13795	13930	13960	13970	13985	14240
ω^*（%）	51.79	51.78	51.75	51.72	51.67	51.66	51.66	51.66	51.58
$E(\omega)^*$（元）	1526800	1532200	1539800	1552300	1567100	1570400	1571500	1573100	1601400

由表4－3可见，在其他参数不变的情况下，当贷款期初质押物市场价格较高时，海运物流公司只需设定较低的质押率即可得到较高的期望利润。究其原因，是由于贷款期初质押物市场价格越高，则海运物流公司设定较低的质押率即可给予出口商相同数额的贷款。而随着质押率的降低，海运物流公司的风险损失也会降低，因而其最大期望利润就会越高。因此，当出口商有多次融资需求时，海运物流公司应密切关注每次贷款质押物期初价格的变化情况，根据期初价格的升高（或降低）来优化调低（或调高）其质押率，以获取最大利润。

四、敏感性分析

由于出口商违约概率和还贷时间、海运物流公司向出口商收取的融资服务费和期末处理剩余质押物的价格折扣，都是展现质押物价值变化以及出口海陆仓陆—海—陆的质押过程对海运物流公司最优质押率决策影响的重要因素，因此，接下来令出口商违约概率和还贷时间同时变化、融资服务费率和价格折扣同时变化，观察最优质押率的变化规律，针对海运物流公司最优质押率与这四要素的关系分别进行敏感性分析，以便进一步验证模型的适用性。

（一）出口商违约概率和还贷时间对质押率的影响

继续利用上一节算例部分的数据，令贷款期初质押物市场价格 $P_0=14000$ 元/吨，出口商违约概率 α 在［0.1，1］之间取值，出口商还贷时间 T_3 在［10，50］天之间取值，得到海运物流公司最优质押率的变化情况如图 4－1 所示。

由图 4－1 可以看出：

（1）当出口商违约概率 α 在［0.1，1］之间逐渐增大时，最优质押率 ω^* 逐渐减小。究其原因，是由于出口商违约概率越大，则海运物流公司承担的风险越高，给予出口商的贷款额应越少。最优质押率等于贷款额与质押物价值的比率，在质押物价值等参数确定的情况下，贷款额越少，最优质押率越低。因此，在出口海陆仓融资业务中，海运物流公司应考虑出口商的违约风险问题，根据出口商违约概率的增大（或减小）来优化调低（或调高）其质押率，从而降低风险并提高利润。

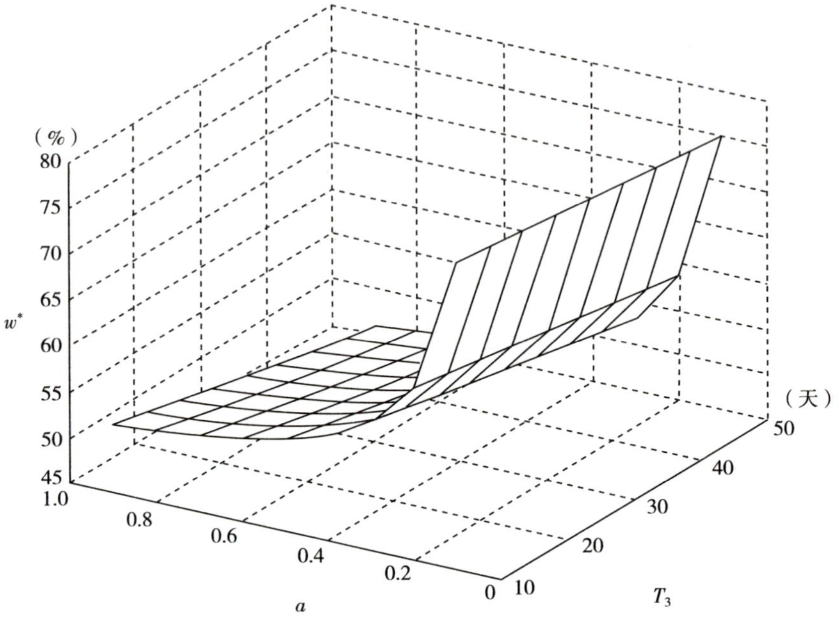

图 4-1　出口商违约概率和还贷时间对最优质押率的影响

(2) 当还贷时间 T_3 在［10，50］天之间逐渐增大时，最优质押率 ω^* 明显降低。究其原因，是由于出口商还贷时间越长，则质押物价格波动幅度越大，海运物流公司承担的出口商延迟还贷和质押物价值降低的风险就会越高，而质押率能够有效控制风险，且质押率越低，风险覆盖程度越好。因此，海运物流公司在出口海陆仓融资质押率优化决策过程中应考虑到出口商的还贷时间问题，针对以往还贷时间的变化情况进行预测，根据还贷时间的延长（或缩短）来优化调低（或调高）其质押率，以获取最大利润。

(二) 融资服务费率和价格折扣对质押率的影响

继续利用上一节中算例部分的数据，并令贷款期初质押物市场价格 $P_0=14000$ 元/吨，海运物流公司向出口商收取的融资服务费率

I_R 在［0.005，0.009］之间取值，期末货物价格折扣 β 在［0.1，0.9］之间取值，得到海运物流公司最优质押率的变化情况如图 4－2 所示。

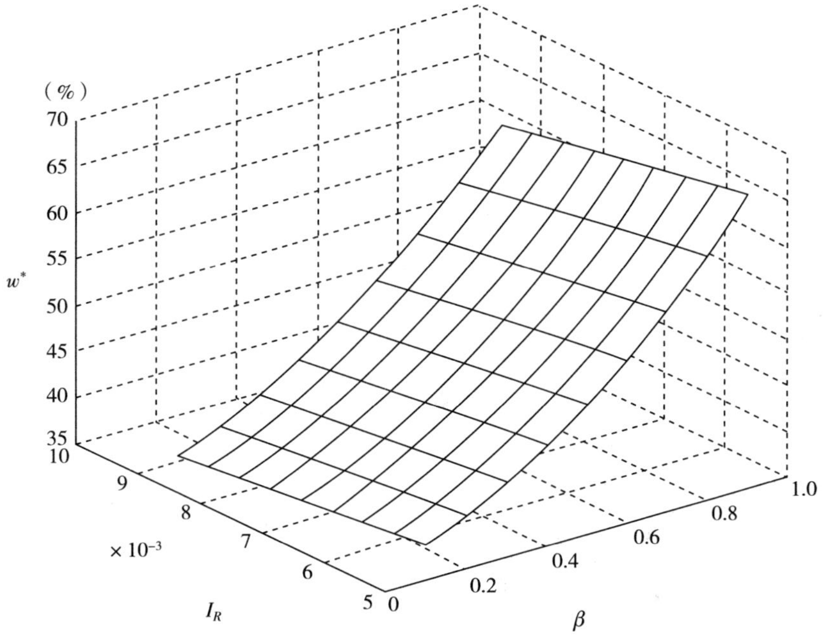

图 4－2　融资服务费率和价格折扣对最优质押率的影响

由图 4－2 可以看出：

（1）当海运物流公司向出口商收取的融资服务费率 I_R 在［0.005，0.009］之间逐渐增大时，最优质押率 ω^* 逐渐减小。究其原因：一是由于当海运物流公司向出口商收取的融资服务费较多时，只需要设定较低的质押率即可获得相同的期望利润；二是由于融资服务费设定得越高，海运物流公司承担的期末出口商违约风险也越高，而质押率能够有效地控制风险，且质押率越低，风险覆盖程度越好。因此，在出口海陆仓融资业务中，当海运物流公司向出口商收取的融资服务费较多时，设定较低的质押率即可；反之，当海运物流公司向出口商收取的融资服务费较少时，需要设定较高的质押率，从而降低风险并提高利润。

（2）当海运物流公司处理货物的价格折扣 β 在［0.1，0.9］之间逐渐减少时，最优质押率 ω^* 明显降低。究其原因，是由于价格折扣 β 越小，代表折扣力度越大，即期末质押物市场价格越低。在假定需求不变的前提下，市场价格越低、波动幅度越大，则海运物流公司承担的质押物价值降低的风险就会越高，而质押率能够有效地控制风险，且质押率越低，风险覆盖程度越好。因此，海运物流公司在出口海陆仓融资质押率优化决策过程中应针对以往处理剩余质押货物时价格折扣的变化情况进行预测，根据价格折扣的增加（或减少）来优化调高（或调低）其质押率，以规避质押物价值降低的风险。

五、本章小结

本章针对质押物价格波动的出口海陆仓融资优化问题，利用条件概率原理，分析获得了出口海陆仓融资各种情形的发生概率，建立了海运物流公司关于质押率的期望利润分段函数模型，随后通过设定有关参数的取值，同时选取了 2017 年 4 月 3 日 ~6 月 4 日上海期货交易所的一组铝（al1706）周收盘价数据作为期初质押物市场价格，利用 Matlab 软件包对算例进行了求解，研究得到了价格波动下海运物流公司出口海陆仓融资的最优质押率和最大期望利润。结果表明，当贷款期初质押物市场价格较高时，海运物流公司只需设定较低的质押率即可得到较高的期望利润。敏感性分析结果发现，出口商违约概率、还贷时间和融资服务费率都与最优质押率呈负相关关系，而质押物价格折扣则与最优质押率呈正相关关系。

本章研究结论可为海运物流公司调整出口海陆仓融资策略提供有益的决策参考。当出口商有多次融资需求时，海运物流公司应密切关注每次贷款期初质押物价格的变化情况，根据期初价格的升高（或降低）来优化调低（或调高）其质押率。当出口商违约概率上升、出口商还贷时间延长，或融资服务费率设定较高时，海运物流公司应制定出较低的合理质押率；反之，则制定出较高的合理质押率。同时，海运物流公司在出口海陆仓融资质押率优化决策过程中，也应针对以往处理剩余质押物时价格折扣的变化情况进行预测，根据价格折扣的增加（或减少）来优化调高（或调低）其质押率，以规避风险并提高利润。

第五章

需求与价格联动下出口海陆仓质押率优化

由第三章和第四章可知，质押物的市场价值会受到需求与价格的影响，而在实际生活中，市场需求和价格往往具有联动关系。因此，本章针对需求与价格联动下出口海陆仓质押率优化问题作进一步研究，以期为海运物流公司的融资优化决策提供更为全面的参考。

一、问题描述

要想研究需求与价格联动下的出口海陆仓质押率优化问题，首先应明确需求与价格的相关关系，其次确定它们之间的函数关系式，以便在第四章模型的基础上，将需求与价格联动下的质押率模型转化为价格波动下的质押率模型进行优化求解。

（一）质押物市场需求与价格的相关关系

在贷款期末，当质押物市场价值大于出口商的贷款本息和时，出口商不违约；当质押物市场价值不大于出口商的贷款本息和时，出口商有可能违约，海运物流公司则可能通过变卖质押物向银行补足资金敞口。由此可见，海运物流公司期望利润变化的基础在于出口商是否违约，出口商违约的基础在于质押物市场价值是否大于贷款本息。质押物市场价值的高低取决于市场需求和价格，而需求和价格一般呈线性负相关（周咏等，2018）。因此，模型中的价格波动情况可以用与需求相关的函数关系式表示，即需求与价格联动下的质押率模型可以转化为价格波动下的质押率模型进行求解。

此外，本书第四章只在算例部分假定了价格服从均匀分布规律，而严飞和汪传旭（2010，2011）等学者则明确提出，在进口海陆仓融资业务中，质押物的市场价格应该呈几何布朗运动规律。根据他提出的观点，本书也对出口海陆仓融资质押物价格波动规律做进一步分析。由于出口海陆仓融资业务给出口商的信用期限通常比较短（一般只有几个月），故研究质押物价格波动时考虑的必须是短期价格变化（李毅学等，2017）。此外，出口海陆仓融资所质押的存货一般是可在期货市场上交易的标准商品，则根据 McCardle 和 Smith（1998）以及 Brennan 和 Schwartz（1985）的数学分析和结论，可以得到“标准商品短期价格运动呈几何布朗运动规律”的结论。因此，本书做出合理假设，即出口海陆仓融资质押物价格在质押期限内服从几何布朗运动规律。

（二）需求与价格联动下质押率优化思路

在本章中，解决需求与价格联动下质押率优化问题的思路如下：

首先，联动考虑需求与价格有负相关性，利用条件概率原理，分析得到质押物市场需求是否大于质押量、质押物市场价值是否大于贷款本息和等事件同时发生的概率。

其次，结合这些概率，同时考虑质押物在发货地仓库的陆上仓储费用、海上运输费用和收货地仓库的陆上仓储费用，构建海运物流公司在质押物市场价格呈几何布朗运动规律下的期望利润函数。

最后，利用数值逼近法和解析法求解该函数，得出最优质押率。

二、需求与价格联动下质押率优化模型

本章拟建立需求与价格联动下的出口海陆仓融资质押率优化模型。为便于对该优化问题的建模与求解，本书做出一些假设，并针对优化模型中用到的参数与决策变量进行符号说明。

（一）模型假设与符号说明

1. 模型假设

（1）所有利率按单利计算。

（2）企业质押物市场需求与价格呈线性负相关关系，价格在质押期内服从几何布朗运动规律，且在一定范围内波动。

（3）只有当质押物市场价值不大于贷款本息和时，出口商才可能违约，且违约概率服从二项分布。

2. 模型中的参数符号定义

I_R 表示海运物流公司的收入利率，即海运物流公司向出口商收取的融资服务费率。

I_r 表示海运物流公司的支出利率，即海运物流公司向合作银行支付的利率。

S 表示仓储费率。

H 表示单位运价。

G 表示海运成本。

C 表示海运物流公司为照看货物付出的成本。

T_1 表示从质押物进入海运物流公司在出口地的仓库，到装船发运的时长。

T_2 表示海运时长。

T_3 表示从质押物到达海运物流公司在进口地的境外监管仓，到出口商还贷的时长。

T 表示质押贷款总时长，$T = T_1 + T_2 + T_3$。

K 表示价格敏感性系数。

Q 表示出口商的质押量。

D 表示商品市场需求量的最大规模。

A 表示质押物市场价值不大于贷款本息和时出口商的违约概率。

B 表示海运物流公司处理货物的价格折扣。

P_0 表示贷款期初质押物市场价格。

P_m 表示价格波动下限。

P_n 表示价格波动上限。

其中，与第四章相同，质押物价格波动的上下限 P_m 和 P_n 由历史数据获得。

3. 模型中的决策变量定义

p 表示贷款期末质押物市场价格。

ω 表示海运物流公司给出的质押率。

q 表示质押物的市场需求。

根据以上符号定义，在质押期初，出口商将现价 P_0、总量 Q 的货物进行质押，获得海运物流公司的融资为 $\omega P_0 Q$，T 时刻出口商的贷款本息和为 $\omega P_0 Q(1 + I_R T)$，在发货地仓库出口商支付给海运物流公司的陆上仓储费用为 SQT_1，出口商支付给海运物流公司的运输费用为（$H - G$）Q，在收货地仓库出口商支付给海运物流公司的陆上仓

储费用为 SQT_3。

（二）需求与价格同时波动下海运物流公司获利概率分析

由于质押物市场需求和价格的不确定性，因此，为了求得海运物流公司的期望利润，需要计算下列不同情形下的利润概率。

1. 情形 1

贷款期末，质押物市场需求小于质押量（记为事件 X_1）。由于质押物市场需求与价格呈线性负相关关系，故有 $q = D - Kp < Q$，因此，可得 $p > \frac{D-Q}{K}$，则 X_1 发生的概率 $\Pr(X_1)$ 为：

$$\Pr(X_1) = \int_{\frac{D-Q}{K}}^{P_n} f(p)\,\mathrm{d}p \tag{5-1}$$

其中，$f(p)$ 为概率密度函数。

若质押物市场价值不大于贷款本息和，记为事件 Y；若质押物市场价值大于贷款本息和，记为事件 $\overline{Y}$。显然事件 Y 和事件 $\overline{Y}$ 为互补事件。

在情形 1 下，Y 发生的概率 $\Pr(Y)$ 为：

$$\begin{aligned}\Pr(Y) &= \Pr\{qp + B(Q-q) \leqslant \omega P_0 Q(1+I_R T)\} \\ &= \Pr\{(1-B)(Dp - Kp^2) + BQp \leqslant \omega P_0 Q(1+I_R T)\} \\ &= \Pr\{(1-B)Kp^2 - [(1-B)D + BQ]p + \omega P_0 Q(1+I_R T) \geqslant 0\}\end{aligned} \tag{5-2}$$

令：

$$(1-B)Kp^2 - [(1-B)D + BQ]p + \omega P_0 Q(1+I_R T) = 0 \tag{5-3}$$

记 $\Delta = [(1-B)D + BQ]^2 - 4K\omega P_0 Q(1-B)(1+I_R T)$，根据 Δ 的正负分情况讨论违约概率：

（1）若 $\Delta \leqslant 0$，式（5-2）中的不等式恒成立，则 $\Pr(Y \mid X_1) = 1$，$\Pr(\overline{Y} \mid X_1) = 0$。

此时，根据条件概率原理，X_1 和 Y 同时发生的概率 P_1 为：

$$\mathrm{P}_1 = \Pr(X_1 \cap Y) = \Pr(X_1)\Pr(Y|X_1) = \int_{\frac{D-Q}{K}}^{P_n} f(p)\,\mathrm{d}p \qquad (5-4)$$

X_1 和 $\overline{Y}$ 同时发生的概率 $\overline{P}_1$ 为：

$$\overline{\mathrm{P}}_1 = \Pr(X_1 \cap \overline{Y}) = \Pr(X_1)\Pr(\overline{Y}|X_1) = 0 \qquad (5-5)$$

由 $\Delta \leqslant 0$，可得 $\frac{[(1-B)D+BQ]^2}{4KP_0Q(1-B)(1+I_RT)} \leqslant \omega \leqslant 1$，为简便起见，记 $\omega_1 = \frac{[(1-B)D+BQ]^2}{4KP_0Q(1-B)(1+I_RT)}$。

（2）若 $\Delta > 0$，则 $\omega < \omega_1$，得到式（5－3）的两个解为：

$$p_1 = \frac{(1-B)D+BQ-\sqrt{\Delta}}{2(1-B)K},\ p_2 = \frac{(1-B)D+BQ+\sqrt{\Delta}}{2(1-B)K},\ 0 < p_1 < p_2 \qquad (5-6)$$

此时，讨论 p_1、p_2 与 $\frac{D-Q}{K}$ 的大小，则可得到令式（5－2）中不等式恒成立情况下 p 的波动范围，据此可求出 X_1 和 Y、X_1 和 $\overline{Y}$ 同时发生的概率，进而得到在不同概率下海运物流公司不同的期望利润。

定理 1　在质押物市场需求小于质押量的情况下，恒有 $p_2 > \frac{D-Q}{K}$。

证明　将 p_2 和 $\frac{D-Q}{K}$ 相减，可得：

$$\begin{aligned} p_2 - \frac{D-Q}{K} &= \frac{(1-B)D+BQ+\sqrt{\Delta}}{2(1-B)K} - \frac{D-Q}{K} \\ &= \frac{(1-B)D+BQ+\sqrt{\Delta}-2(1-B)(D-Q)}{2(1-B)K} \\ &= \frac{BQ+\sqrt{\Delta}-(D-2Q)(1-B)}{2(1-B)K} \end{aligned} \qquad (5-7)$$

因为 $q = D - Kp$，在（s，S）库存策略下，质押量（全部库存量）Q 等于平均需求量 $D/2$ 加安全库存量，因此，有 $D < 2Q$，$0 <$

$B<1$，故 $p_2-\frac{D-Q}{K}>0$，即 $p_2>\frac{D-Q}{K}$，得证。

根据式（5-6），显然有 $p_2>p_1$。根据定理1，又有 $p_2>\frac{D-Q}{K}$。因此，以下只需要讨论 $\frac{D-Q}{K}$ 和 p_1 的大小，不需要讨论 p_2 的大小，即只需分两种情况便可得到 X_1 和 Y、X_1 和 $\overline{Y}$ 同时发生的概率：

（1）若 $\frac{D-Q}{K}\leqslant p_1<p_2$，则此时 X_1 和 Y 同时发生的概率 P_2 为：

$$\mathrm{P}_2=\Pr(X_1\cap Y)\Pr\left\{\frac{D-Q}{K}\leqslant p\leqslant p_1 \text{ 或 } p_2\leqslant p\leqslant P_n\right\}$$

$$=\int_{\frac{D-Q}{K}}^{p_1}f(p)\,\mathrm{d}p+\int_{p_2}^{p_n}f(p)\,\mathrm{d}p \tag{5-8}$$

X_1 和 $\overline{Y}$ 同时发生的概率 $\overline{\mathrm{P}}_2$ 为：

$$\overline{\mathrm{P}}_2=\Pr(X_1\cap\overline{Y})=\Pr\{p_1<p<p_2\}=\int_{p_1}^{p_2}f(p)\,\mathrm{d}p \tag{5-9}$$

由 $\frac{D-Q}{K}\leqslant p_1<p_2$，可得 $\frac{D-Q}{KP_0(1+I_RT)}\leqslant\omega<\omega_1$，为简便起见，记 $\omega_2=\frac{D-Q}{KP_0(1+I_RT)}$。

（2）若 $p_1<\frac{D-Q}{K}<p_2$，即 $0\leqslant\omega<\omega_2$，则此时 X_1 和 Y 同时发生的概率 P_3 为：

$$\mathrm{P}_3=\Pr(X_1\cap Y)=\Pr\{p_2\leqslant p<P_n\}=\int_{p_2}^{P_n}f(p)\,\mathrm{d}p \tag{5-10}$$

X_1 和 $\overline{Y}$ 同时发生的概率 $\overline{P}_3$ 为：

$$\overline{\mathrm{P}}_3=\Pr(X_1\cap\overline{Y})=\Pr\left\{\frac{D-Q}{K}<p<p_2\right\}=\int_{\frac{D-Q}{K}}^{p_2}f(p)\,\mathrm{d}p \tag{5-11}$$

2. 情形2

贷款期末，质押物市场需求不小于质押量（记为事件 X_2），即

$q=D-Kp\geqslant Q$，可得 $p\leqslant\frac{D-Q}{K}$，则 X_2 发生的概率 $\Pr(X_2)$ 为：

$$\Pr(X_2)=\int_{P_m}^{\frac{D-Q}{K}}f(p)\,\mathrm{d}p \tag{5-12}$$

在情形 2 下，当质押物市场价值不大于贷款本息和时，即 $pQ\leqslant\omega P_0Q(1+I_RT)$，$Y$ 发生的概率 $\Pr(Y)$ 为：

$$\Pr(Y)=\Pr\{pQ\leqslant\omega P_0Q(1+I_RT)\}=\Pr\{p\leqslant\omega P_0(1+I_RT)\} \tag{5-13}$$

（1）若 $\omega P_0(1+I_RT)<\frac{D-Q}{K}$，即 $\omega<\omega_2$，则此时 X_2 和 Y 同时发生的概率 P_4 为：

$$\mathrm{P}_4=\Pr(X_2\cap Y)=\int_{P_m}^{\omega P_0(1+I_RT)}f(p)\,\mathrm{d}p \tag{5-14}$$

X_2 和 $\overline{Y}$ 同时发生的概率 $\overline{\mathrm{P}}_4$ 为：

$$\overline{\mathrm{P}}_4=\Pr(X_2\cap\overline{Y})=\int_{\omega P_0(1+I_RT)}^{\frac{D-Q}{K}}f(p)\,\mathrm{d}p \tag{5-15}$$

（2）若 $\omega P_0(1+I_RT)\geqslant\frac{D-Q}{K}$，即 $\omega\geqslant\omega_2$，则此时 X_2 和 Y 同时发生的概率 P_5 为：

$$\mathrm{P}_5=\Pr(X_2\cap Y)=\int_{P_m}^{\frac{D-Q}{K}}f(p)\,\mathrm{d}p \tag{5-16}$$

X_2 和 $\overline{Y}$ 同时发生的概率 $\overline{\mathrm{P}}_5$ 为：

$$\overline{\mathrm{P}}_5=\Pr(X_2\cap\overline{Y})=0 \tag{5-17}$$

综上，在 X_1 发生的条件下$\left(p>\frac{D-Q}{K}\right)$，若 $\omega_1\leqslant\omega\leqslant1$，则 X_1 和 Y 同时发生的概率为 P_1；若 $\omega_2\leqslant\omega<\omega_1$，则 X_1 和 Y 同时发生的概率为 P_2；若 $0\leqslant\omega<\omega_2$，则 X_1 和 Y 同时发生的概率为 P_3。在 X_2 发生的条件下$\left(p\leqslant\frac{D-Q}{K}\right)$，若 $\omega<\omega_2$，则 X_2 和 Y 同时发生的概率为 P_4；若

$\omega \geqslant \omega_2$，则 X_2 和 Y 同时发生的概率为 P_5。由此可见，当 p 在不同范围内波动时，质押物市场价值不大于贷款本息和的概率也会发生变化，具体分布情况如表 5－1 所示。

表 5－1　不同情形下的概率

质押率区间	$[0,\omega_2)$	$[\omega_2,\omega_1)$	$[\omega_1,1]$
事件 X_1 和 Y 同时发生	$\int_{p_2}^{P_n} f(p)\,\mathrm{d}p$	$\int_{\frac{D-Q}{K}}^{p_1} f(p)\,\mathrm{d}p + \int_{p_2}^{P_n} f(p)\,\mathrm{d}p$	$\int_{\frac{D-Q}{K}}^{P_n} f(p)\,\mathrm{d}p$
事件 X_2 和 Y 同时发生	$\int_{P_m}^{\omega P_0(1+I_R T)} f(p)\,\mathrm{d}p$	$\int_{P_m}^{\frac{D-Q}{K}} f(p)\,\mathrm{d}p$	$\int_{P_m}^{\frac{D-Q}{K}} f(p)\,\mathrm{d}p$

表 5－1 展现了在需求波动的情况下，质押物市场价值不大于贷款本息事件在不同区间的概率。其中，事件 X_1 和 Y 同时发生表示在需求小于质押量的情况下，质押物市场价值不大于贷款本息和的概率；事件 X_2 和 Y 同时发生表示在需求不小于质押量的情况下，质押物市场价值不大于贷款本息和的概率。而本书假定需求与价格呈线性负相关关系，即表 5－1 实际展示的是需求与价格联动下质押物市场价值不大于贷款本息和的各种概率。因此，接下来结合这些概率，对需求与价格联动下海运物流公司的期望利润函数进行分析，以得到期望利润最大情况下的最优质押率。

（三）需求与价格联动下海运物流公司期望利润函数

根据出口海陆仓业务实际，在出口商是否违约的不同情形下，海运物流公司会获得不同的（期望）利润。当出口商不违约时，海运物流公司的利润 E_1 为：

$$E_1 = \omega P_0 Q(I_R - I_r)T + SQ(T_1 + T_3) + (H - G)Q - C \tag{5-18}$$

当出口商违约（违约概率为 1）时，若质押物市场需求小于质押量，则海运物流公司的利润 E_2 为：

$$
\begin{aligned}
E_2 &= qp + Bp(Q-q) - \omega P_0 Q(1+I_r T) + SQ(T_1+T_3) + (H-G)Q - C \\
&= (1-B)(-Kp^2+Dp) + BQp - \omega P_0 Q(1+I_r T) + SQ(T_1+T_3) + \\
&\quad (H-G)Q - C \qquad (5-19)
\end{aligned}
$$

若质押物市场需求不小于质押量，则海运物流公司的利润 E_3 为：

$$E_3 = pQ - \omega P_0 Q(1+I_r T) + SQ(T_1+T_3) + (H-G)Q - C \quad (5-20)$$

当出口商违约（违约概率为 A）时，若质押物市场需求小于质押量，则海运物流公司的期望利润为：

$$
\begin{aligned}
AE_2 + (1-A)E_1 = A[(1-B)(-Kp^2+Dp) + BQp] + \\
\omega P_0 Q(I_R T - I_r T - A - AI_R T) + \\
SQ(T_1+T_3) + (H-G)Q - C \qquad (5-21)
\end{aligned}
$$

若质押物市场需求不小于质押量，则海运物流公司的期望利润为：

$$
\begin{aligned}
AE_3 + (1-A)E_1 = ApQ + \omega P_0 Q(I_R T - I_r T - A - AI_R T) + \\
SQ(T_1+T_3) + (H-G)Q - C \qquad (5-22)
\end{aligned}
$$

为便于求解，记 $a = \omega P_0 Q(I_R T - I_r T - A - AI_R T)$，$b = SQ(T_1 + T_3) + (H-G)Q - C$，则式(5－21)和式(5－22)可以简化表示为：

$$AE_2 + (1-A)E_1 = A[(1-B)(-Kp^2+Dp) + BQp] + a + b \quad (5-23)$$

$$AE_3 + (1-A)E_1 = ApQ + a + b \quad (5-24)$$

由此，将表5－1中各个不同事件发生情形下的概率及海运物流公司的（期望）利润式（5－18）~式（5－24）结合起来，可以得到海运物流公司在三个质押率区间内的期望利润如下：

（1）当 $0 \leqslant \omega < \omega_2$ 时，在 T 时刻海运物流公司的期望利润 $E(\omega)_1$ 为：

$$
\begin{aligned}
E(\omega)_1 &= \mathrm{P}_3[AE_2 + (1-A)E_1] + \mathrm{P}_4[AE_3 + (1-A)E_1] + \overline{\mathrm{P}}_3 E_1 + \overline{\mathrm{P}}_4 E_1 \\
&= A\int_{p_2}^{P_n}[(1-B)(-Kp^2+Dp) + BQp]f(p)\,\mathrm{d}p +
\end{aligned}
$$

$$A\int_{P_m}^{\omega P_0(1+I_RT)} pQf(p)\mathrm{d}p + (a+b)\left(\int_{p_2}^{P_n} f(p)\mathrm{d}p + \int_{P_m}^{\omega P_0(1+I_RT)} f(p)\mathrm{d}p\right) +$$

$$[\omega P_0 Q(I_R - I_r)T + b]\int_{\omega P_0(1+I_RT)}^{p_2} f(p)\mathrm{d}p \quad (5-25)$$

(2) 当 $\omega_2 \leqslant \omega < \omega_1$ 时，在 T 时刻海运物流公司的期望利润 $E(\omega)_2$ 为：

$$E(\omega)_2 = \mathrm{P}_2[AE_2 + (1-A)E_1] + \mathrm{P}_5[AE_3 + (1-A)E_1] + \overline{\mathrm{P}_2}E_1 + \overline{\mathrm{P}_5}E_1$$

$$= A\int_{\frac{D-Q}{K}}^{p_1}[(1-B)(-Kp^2+Dp) + BQp]f(p)\mathrm{d}p + A\int_{P_m}^{\frac{D-Q}{K}} pQf(p)\mathrm{d}p +$$

$$(a+b)\left(\int_{P_m}^{p_1} f(p)\mathrm{d}p + \int_{p_2}^{P_n} f(p)\mathrm{d}p\right) +$$

$$[\omega P_0 Q(I_R - I_r)T + b]\int_{p_1}^{p_2} f(p)\mathrm{d}p +$$

$$A\int_{p_2}^{P_n}[(1-B)(-Kp^2+Dp) + BQp]f(p)\mathrm{d}p \quad (5-26)$$

(3) 当 $\omega_1 \leqslant \omega \leqslant 1$ 时，在 T 时刻海运物流公司的期望利润 $E(\omega)_3$ 为：

$$E(\omega)_3 = \mathrm{P}_1[AE_2 + (1-A)E_1] + \mathrm{P}_5[AE_3 + (1-A)E_1] + \overline{\mathrm{P}_1}E_1 + \overline{\mathrm{P}_5}E_1$$

$$= A\int_{\frac{D-Q}{K}}^{P_n}[(1-B)(-Kp^2+Dp) + BQp]f(p)\mathrm{d}p + A\int_{P_m}^{\frac{D-Q}{K}} pQf(p)\mathrm{d}p + a + b$$

$$(5-27)$$

综上，在出口海陆仓融资业务中，海运物流公司在 T 时刻的期望利润函数为：

$$E(\omega) = \begin{cases} E(\omega)_1, & 0 \leqslant \omega < \omega_2 \\ E(\omega)_2, & \omega_2 \leqslant \omega < \omega_1 \\ E(\omega)_3, & \omega_1 \leqslant \omega \leqslant 1 \end{cases} \quad (5-28)$$

由式（5－25）～式（5－28）可见，海运物流公司的期望利润 $E(\omega)$ 是关于质押率 ω 的分段函数。

定理 2　在质押物市场需求与价格呈线性关系的情况下，当质押物市场价值和出口商的贷款本息和不等时，海运物流公司的期望利润函数 $E(\omega)$ 在区间 $[0, 1]$ 上可以取得最大值。

证明　在定义区间 $[0, \omega_2)$ 上，对 $E(\omega)$ 求导，得到：

$$\frac{dE(\omega)}{d\omega} = \frac{dE(\omega)_1}{d\omega}$$
$$= A[(1-B)(-Kp_2^2+Dp_2)+BQp_2-\omega P_0Q(1+I_RT)]f(p_2)$$
$$\frac{P_0Q(1+I_RT)}{\sqrt{\Delta}}+P_0Q(I_RT-I_rT-A-AI_RT)$$
$$\left[\int_{p_2}^{P_n}f(p)dp+\int_{P_m}^{\omega P_0(1+I_RT)}f(p)dp\right]+P_0Q(I_R-I_r)T\int_{\omega P_0(1+I_RT)}^{p_2}f(p)dp \tag{5-29}$$

在定义区间 $[\omega_2, \omega_1)$ 上，对 $E(\omega)$ 求导得到：

$$\frac{dE(\omega)}{d\omega} = \frac{dE(\omega)_2}{d\omega}$$
$$= A[(1-B)(-Kp_1^2+Dp_1)+BQp_1]f(p_1)\frac{P_0Q(1+I_RT)}{\sqrt{\Delta}}+$$
$$A[(1-B)(-Kp_2^2+Dp_2)+BQp_2]f(p_2)\frac{P_0Q(1+I_RT)}{\sqrt{\Delta}}+$$
$$P_0Q(I_RT-I_rT-A-AI_RT)\left[\int_{P_m}^{p_1}f(p)dp+\int_{p_2}^{P_n}f(p)dp\right]-$$
$$\omega P_0Q(1+I_RT)\frac{P_0Q(1+I_RT)}{\sqrt{\Delta}}[f(p_1)+f(p_2)]+$$
$$P_0Q(I_R-I_r)T\int_{p_1}^{p_2}f(p)dp \tag{5-30}$$

在定义区间 $[\omega_1, 1]$ 上，对 $E(\omega)$ 求导得到：

$$\frac{dE(\omega)}{d\omega} = \frac{dE(\omega)_3}{d\omega} = P_0Q(I_RT-I_rT-A-AI_RT) \tag{5-31}$$

接下来，分别确定 $E(\omega)$ 在 ω_1、ω_2、0、1 处可导：

(1) 当 $\omega=\omega_1$ 时，$p_1=p_2=\dfrac{(1-B)D+BQ}{2(1-B)K}$，利用式(5－26)和式(5－27)，有：

$$\left.\frac{\mathrm{d}E(\omega)}{\mathrm{d}\omega}\right|_{\omega\to\omega^-}=\lim_{\omega\to\omega^-}\frac{\mathrm{d}E(\omega)_2}{\mathrm{d}\omega}=\lim_{\Delta\omega\to0^-}\frac{E(\omega_1+\Delta\omega)_2-E(\omega_1)_2}{\Delta\omega}$$

$$=\lim_{\Delta\omega\to0^-}\left\{\begin{array}{l}\dfrac{A\int_{\frac{D-Q}{K}}^{p_{1(\omega)}}[(1-B)(-Kp^2+Dp)+BQp]f(p)\mathrm{d}p+A\int_{p_{2(\omega)}}^{P_n}[(1-B)(-Kp^2+Dp)+BQp]f(p)\mathrm{d}p}{\Delta\omega}\\ +\dfrac{[(\omega_1+\Delta\omega)P_0Q(I_RT-I_rT-A-AI_RT)+b]\left(\int_{P_m}^{p_{1(\omega)}}f(p)\mathrm{d}p+\int_{p_{2(\omega)}}^{P_n}f(p)\mathrm{d}p\right)}{\Delta\omega}\\ \dfrac{[(\omega_1+\Delta\omega)P_0Q(I_R-I_r)T+b]\int_{p_{1(\omega)}}^{p_{2(\omega)}}f(p)\mathrm{d}p-A\int_{\frac{D-Q}{K}}^{P_n}[(1-B)(-Kp^2+Dp)+BQp]f(p)\mathrm{d}p}{\Delta\omega}\\ -\dfrac{[\omega_1P_0Q(I_RT-I_rT-A-AI_RT)+b]\left(\int_{P_m}^{p_{1(\omega)}}f(p)\mathrm{d}p+\int_{p_{2(\omega)}}^{P_n}f(p)\mathrm{d}p\right)}{\Delta\omega}\\ -\dfrac{[\omega_1P_0Q(I_R-I_r)T+b]\int_{p_{1(\omega)}}^{p_{2(\omega)}}f(p)\mathrm{d}p}{\Delta\omega}\end{array}\right\}$$

$$=P_0Q(I_RT-I_rT-A-AI_RT) \tag{5-32}$$

$$\left.\frac{\mathrm{d}E(\omega)}{\mathrm{d}\omega}\right|_{\omega\to\omega^+}=\lim_{\omega\to^+}\frac{\mathrm{d}E(\omega)_3}{\mathrm{d}\omega}=\lim_{\Delta\omega\to0^+}\frac{E(\omega_1+\Delta\omega)_3-E(\omega_1)_3}{\Delta\omega}$$

$$= \lim_{\Delta\omega \to 0^+} \frac{(\omega_1 + \Delta\omega)\ P_0 Q\ (I_R T - I_r T - A - AI_R T) - \omega_1 P_0 Q\ (I_R T - I_r T - A - AI_R T)}{\Delta\omega}$$

$$= P_0 Q\ (I_R T - I_r T - A - AI_R T) \tag{5-33}$$

由此可见，在 ω_1 点处，有$\left.\frac{\mathrm{d}E\ (\omega)}{\mathrm{d}\omega}\right|_{\omega \to \omega^-} = \left.\frac{\mathrm{d}E\ (\omega)}{\mathrm{d}\omega}\right|_{\omega \to \omega^+}$。因此，$\frac{\mathrm{d}E\ (\omega)}{\mathrm{d}\omega}$存在，$E\ (\omega)$ 在 ω_1 点处可导。

（2）当 $\omega = \omega_2$ 时，$p_1 = \omega P_0\ (1 + I_R T) = \frac{D-Q}{K}$，利用式（5－25）和式（5－26），有：

$$\left.\frac{\mathrm{d}E(\omega)}{\mathrm{d}\omega}\right|_{\omega \to \omega^-} = \lim_{\omega \to \omega^-} \frac{\mathrm{d}E\ (\omega)_1}{\mathrm{d}\omega} = \lim_{\Delta\omega \to 0^-} \frac{E\ (\omega_2 + \Delta\omega)_1 - E\ (\omega_2)_1}{\Delta\omega}$$

$$= \lim_{\Delta\omega \to 0^-} \left\{ \begin{array}{l} \dfrac{[(\omega_2 + \Delta\omega) P_0 Q(I_R T - I_r T - A - AI_R T) + b] \left(\int_{p_{2(\omega)}}^{P_n} f(p)\,\mathrm{d}p + \int_{P_m}^{\omega P_0(1+I_R T)} f(p)\,\mathrm{d}p\right)}{\Delta\omega} + \\ \dfrac{[(\omega_2 + \Delta\omega) P_0 Q(I_R - I_r) T + b] \int_{\omega P_0(1+I_R T)}^{p_{2(\omega)}} f(p)\,\mathrm{d}p}{\Delta\omega} - \\ \dfrac{[\omega_2 P_0 Q(I_R - I_r) T + b] \int_{\omega P_0(1+I_R T)}^{p_{2(\omega)}} f(p)\,\mathrm{d}p}{\Delta\omega} - \\ \dfrac{[\omega_2 P_0 Q(I_R T - I_r T - A - AI_R T) + b] \left(\int_{p_{2(\omega)}}^{P_n} f(p)\,\mathrm{d}p + \int_{P_m}^{\omega P_0(1+I_R T)} f(p)\,\mathrm{d}p\right)}{\Delta\omega} \end{array} \right\}$$

$$= P_0 Q(I_R T - I_r T - A - AI_R T) \left[\int_{p_2}^{P_n} f(p)\,\mathrm{d}p + \int_{P_m}^{\omega P_0(1+I_R T)} f(p)\,\mathrm{d}p\right] +$$

$$P_0 Q(I_R - I_r) T \int_{\omega P_0(1+I_R T)}^{p_2} f(p)\,\mathrm{d}p$$

$$= P_0Q(I_R - I_r)T - AP_0Q(1 + I_RT)\left(\int_{p_2}^{P_n} f(p)\,\mathrm{d}p + \int_{P_m}^{\omega P_0(1+I_RT)} f(p)\,\mathrm{d}p\right) \tag{5-34}$$

$$\left.\frac{\mathrm{d}E(\omega)}{\mathrm{d}\omega}\right|_{\omega\to\omega^+} = \lim_{\omega\to\omega^+}\frac{\mathrm{d}E(\omega)_2}{\mathrm{d}\omega} = \lim_{\Delta\omega\to 0^+}\frac{E(\omega_2+\Delta\omega)_2 - E(\omega_2)_2}{\Delta\omega}$$

$$= \lim_{\Delta\omega\to 0^+}\left\{\begin{array}{l}\dfrac{[(\omega_2+\Delta\omega)P_0Q(I_RT - I_rT - A - AI_RT) + b]\left(\int_{P_m}^{p_{1(\omega)}} f(p)\,\mathrm{d}p + \int_{p_{2(\omega)}}^{P_n} f(p)\,\mathrm{d}p\right)}{\Delta\omega} - \\ \dfrac{[\omega_2P_0Q(I_RT - I_rT - A - AI_RT) + b]\left(\int_{P_m}^{p_{1(\omega)}} f(p)\,\mathrm{d}p + \int_{p_{2(\omega)}}^{P_n} f(p)\,\mathrm{d}p\right)}{\Delta\omega} + \\ \dfrac{[(\omega_2+\Delta\omega)P_0Q(I_R - I_r)T + b]\int_{p_{1(\omega)}}^{p_{2(\omega)}} f(p)\,\mathrm{d}p}{\Delta\omega} - \\ \dfrac{[\omega_2P_0Q(I_R - I_r)T + b]\int_{p_{1(\omega)}}^{p_{2(\omega)}} f(p)\,\mathrm{d}p}{\Delta\omega}\end{array}\right\}$$

$$= P_0Q(I_RT - I_rT - A - AI_RT)\left[\int_{P_m}^{p_1} f(p)\,\mathrm{d}p + \int_{p_2}^{P_n} f(p)\,\mathrm{d}p\right] + P_0Q(I_R - I_r)T\int_{p_1}^{p_2} f(p)\,\mathrm{d}p$$

$$= P_0Q(I_R - I_r)T - AP_0Q(1 + I_RT)\left(\int_{P_m}^{p_1} f(p)\,\mathrm{d}p + \int_{p_2}^{P_n} f(p)\,\mathrm{d}p\right) \tag{5-35}$$

由此可见，在 ω_2 点处，有 $\left.\frac{\mathrm{d}E(\omega)}{\mathrm{d}\omega}\right|_{\omega\to\omega^-} = \left.\frac{\mathrm{d}E(\omega)}{\mathrm{d}\omega}\right|_{\omega\to\omega^+}$。因此，$\frac{\mathrm{d}E(\omega)}{\mathrm{d}\omega}$ 存在，$E(\omega)$ 在 ω_2 点处可导。

（3）当 $\omega=0$ 时，利用式（5－25）有：

$$\left.\frac{dE(\omega)}{d\omega}\right|_{\omega\to0^+}=\lim_{\omega\to0^+}\frac{dE(\omega)_1}{d\omega}=\lim_{\Delta\omega\to0^+}\frac{E(0+\Delta\omega)_1-E(0)_1}{\Delta\omega}$$

$$=\lim_{\Delta\omega\to0^+}\left\{\begin{array}{l}\dfrac{[\Delta\omega P_0Q(I_RT-I_rT-A-AI_RT)+b]\left(\int_{p_{2(\omega)}}^{P_n}f(p)\,dp+\int_{P_m}^{\omega P_0(1+I_RT)}f(p)\,dp\right)}{\Delta\omega}+\\[2ex]\dfrac{[\Delta\omega P_0Q(I_R-I_r)T+b]\int_{\omega P_0(1+I_RT)}^{p_{2(\omega)}}f(p)\,dp}{\Delta\omega}\\[2ex]-\dfrac{b\left(\int_{p_{2(\omega)}}^{P_n}f(p)\,dp+\int_{P_m}^{\omega P_0(1+I_RT)}f(p)\,dp\right)+b\int_{\omega P_0(1+I_RT)}^{p_{2(\omega)}}f(p)\,dp}{\Delta\omega}\end{array}\right\}$$

$$=P_0Q(I_RT-I_rT-A-AI_RT)\left(\int_{p_2}^{P_n}f(p)\,dp+\int_{P_m}^{\omega P_0(1+I_RT)}f(p)\,dp\right)+$$

$$P_0Q(I_R-I_r)T\int_{\omega P_0(1+I_RT)}^{p_2}f(p)\,dp$$

$$=P_0Q(I_R-I_r)T-AP_0Q(1+I_RT)\left[\int_{p_2}^{P_n}f(p)\,dp+\int_{P_m}^{\omega P_0(1+I_RT)}f(p)\,dp\right]\tag{5-36}$$

因此，$E(\omega)$ 在 0 点右可导。

(4) 当 $\omega=1$ 时，利用式（5-27）有：

$$\left.\frac{dE(\omega)}{d\omega}\right|_{\omega\to1^-}=\lim_{\omega\to1^-}\frac{dE(\omega)_3}{d\omega}=\lim_{\Delta\omega\to1^-}\frac{E(1+\Delta\omega)_3-E(1)_3}{\Delta\omega}$$

$$=\lim_{\Delta\omega\to1^-}\left\{\frac{(1+\Delta\omega)P_0Q(I_RT-I_rT-A-AI_RT)-P_0Q(I_RT-I_rT-A-AI_RT)}{\Delta\omega}\right\}$$

$$=P_0Q(I_RT-I_rT-A-AI_RT)\tag{5-37}$$

因此，$E(\omega)$ 在 1 点左可导。

综上，海运物流公司期望利润函数 $E(\omega)$ 在区间 [0，1] 上是关于 ω 的可导函数。因为可导函数必连续，所以 $E(\omega)$ 在区间[0，1]上是关于 ω 的连续函数，故存在最大值。得证。

根据定理2，令海运物流公司期望利润函数 $E(\omega)$ 在区间[0，1]上取得最大值，便可求得最优质押率。

由于在价格波动区间 $[P_m, P_n]$ 内，式(5-25)~式(5-27)中均包含 $\int_{P_m}^{P_n} f(p)\mathrm{d}p$ 形式的定积分，因此，本书接下来利用质押物价格的概率密度函数推导出定积分 $\int_{P_m}^{P_n} f(p)\mathrm{d}p$ 的表达式，以便求出海运物流公司期望利润最大时的最优质押率。

三、算法设计与数值实验

由上文可知，质押物价格呈几何布朗运动规律，即 $\ln(p/P_0) \sim N(\mu T, \sigma^2 T)$，故有 $\ln(p/P_0)$ 的概率密度函数为：

$$f\left(\ln \frac{p}{P_0}\right) = \frac{1}{\sqrt{2\pi T}\sigma} e^{-\frac{\left(\ln\frac{p}{P_0} - \mu T\right)^2}{2\sigma^2 T}}, \quad \ln \frac{p}{P_0} \in (-\infty, +\infty) \tag{5-38}$$

质押物价格的概率密度函数应为（杨智元，2003）：

$$f(p) = \frac{1}{\sqrt{2\pi T}\sigma p} e^{-\frac{\left[\ln p - \ln P_0 - \left(\mu - \frac{\sigma^2}{2}\right)T\right]^2}{2\sigma^2 T}}, \quad p \in [P_m, P_n] \tag{5-39}$$

令 $x = \ln p - \ln P_0 - \left(\mu - \frac{\sigma^2}{2}\right)T$，则有 $\ln p = x + \ln P_0 + \left(\mu - \frac{\sigma^2}{2}\right)T$，$d(\ln p) = \mathrm{d}x$。于是，当 $p = P_m$ 时，$x = \ln P_m - \ln P_0 - \left(\mu - \frac{\sigma^2}{2}\right)T$；当 $p =$

P_n 时，$x=\ln P_n-\ln P_0-\left(\mu-\frac{\sigma^2}{2}\right)T$。因此，在价格波动区间［$P_m$，$P_n$］内，有：

$$
\begin{aligned}
\int_{P_m}^{P_n} f(p)\,\mathrm{d}p &= \frac{1}{\sqrt{2\pi T}\sigma}\int_{P_m}^{P_n} e^{-\frac{\left[\ln p-\ln P_0-\left(\mu-\frac{\sigma^2}{2}\right)T\right]^2}{2\sigma^2 T}}\mathrm{d}(\ln p) \\
&= \frac{1}{\sqrt{2\pi T}\sigma}\int_{\ln P_m-\ln P_0-\left(\mu-\frac{\sigma^2}{2}\right)T}^{\ln P_n-\ln P_0-\left(\mu-\frac{\sigma^2}{2}\right)T} e^{-\frac{x^2}{2\sigma^2 T}}\mathrm{d}x \qquad (5-40)
\end{aligned}
$$

由于 $\int e^{-x^2}\mathrm{d}x$ 的原函数不能用初等函数表示出来，即式（5－40）无法直接求解，所以无法对 E（ω）直接求最优解。当被积函数 f 的原函数不是初等函数导致无法直接求出最优解时，可以采用数值逼近法不断逼近真实值（数值解），并利用 Matlab 等相关软件求此数值积分，以获得其数值解（樊园等，2013）。

就求数值积分而言，可以采用 quad 或 quadl 来编写算法。这两个函数都是 Matlab 中用于求数值积分的内置函数，quad 使用辛普森求积法，对于低精度函数而言运算效率更高；quadl 则使用了洛巴托求积法，对于高精度函数而言运算效率更高。基于函数高精度的要求，本书选择调用 Matlab 软件包的 quadl 函数，采用递推自适应 Lobatto 数值逼近法求数值积分，以获得目标函数的数值解。函数 quadl（f，a，b，tol）用于求被积函数 $f(x)$ 在［a，b］上的定积分，其中，f 为被积函数，a 为积分下限，b 为积分上限，tol 为期望的绝对误差（即计算精度，如果不提供，则默认积分的绝对精度为 10^{-6}）（刘研和孙杰宝，2016）。

（一）数值逼近法和解析法求解步骤设计

求解步骤如下：

步骤 1：利用已知参数确定质押率的三个区间［0，ω_2）、［ω_2，

ω_1)、[ω_1, 1]，构建海运物流公司期望利润函数，得到分段函数在每个质押率区间内的导函数。

步骤2：根据式（5-39），调用Matlab软件包的quadl函数，采用递推自适应Lobatto数值逼近法求 $\int_{P_m}^{P_n} f(p)\,dp$ 的闭型数值积分，默认积分的绝对精度为 10^{-6}，将返回结果代入海运物流公司期望利润函数和其导函数中。

步骤3：判断海运物流公司期望利润的分段函数在每个区间内的单调性，运用解析法求出最优质押率：

在定义区间 ε 内，若 $\frac{dE(\omega)_\varepsilon}{d\omega}<0(\varepsilon=1, 2, 3)$，则表明 $E(\omega)_\varepsilon$ 在区间 ε 内单调递减，在区间 ε 下限取得最大值 $E(\omega)_\varepsilon^*$，此时的下限记为质押率 ω^*。

在定义区间 ε 内，若 $\frac{dE(\omega)_\varepsilon}{d\omega}>0(\varepsilon=1, 2, 3)$，则表明 $E(\omega)_\varepsilon$ 在区间 ε 内单调递增，在区间 ε 上限取得最大值 $E(\omega)_\varepsilon^*$，此时的上限记为质押率 ω^*；否则，求解 $\frac{dE(\omega)_\varepsilon}{d\omega}=0(\varepsilon=1, 2, 3)$，则可得到质押率 ω^*。

步骤4：将 ω^* 代入式(5-28)求得 $E(\omega)_\varepsilon^*$，比较 $E(\omega)_\varepsilon^*(\varepsilon=1, 2, 3)$ 的大小，得出最大 $E(\omega)_\varepsilon^*$ 值，其对应的 ω^* 即为所求的最优质押率 ω^{**}。

（二）算例结果分析

某出口商对期货市场可交易的铜进行质押，质押量为50000吨，商品市场需求量的最大规模为90000吨，价格敏感性系数为1（由此可得，需求与价格的负相关关系为 $q=90000-p$）；贷款期初质押物市场价格为37000元/吨，价格波动下限为10000元/吨，价格波动上限为130000元/吨，价格呈几何布朗运动规律，其对数正态分布的参数分别为0.01和0.044；海运物流公司收入和支出利率分别为5%和3%，仓储费率为0.5元/吨·天，单位运价和海运成本分别为3000元/吨和2000元/吨，海运物流公司照看货物付出的成本为12000元，处理剩余货物的价格折扣为84折；质押物在发货地和收货地仓库储存时长分别为14天和20天，海运时长为40天；质押物市场价值不大于贷款本息时出口商的违约概率为78%。

利用Matlab软件包设计求解程序对该算例进行求解，便可得出海运物流公司最大期望利润为58540000元，最优质押率为57.16%。由此表明本书设计的优化决策方法有效。

四、价格和质押量的敏感性分析

由于质押物需求水平和价格的高低是直接影响海运物流公司质押率决策的重要条件，因此，本书以下针对质押率与贷款期初质押物市场价格 P_0、出口商质押量 Q 的关系分别进行数值分析，以便进一步验证本书所设计的优化决策模型及方法的适用性和有效性。

（一）价格和质押量对质押率的影响

在其他参数不变的情况下，令贷款期初质押物价格和质押量分别发生变化，利用本书构建的模型和求解方法，求得海运物流公司最优质押率变化值结果如图5-1所示。

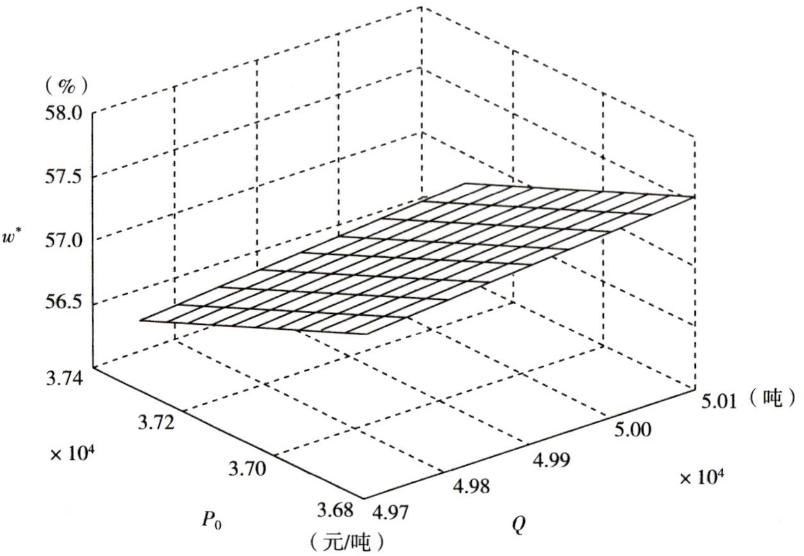

图 5-1 价格和质押量对最优质押率的影响

通过图 5-1 可以发现，在其他参数不变的情况下，质押物价格越高，最优质押率越低。究其原因，是由于当贷款期初质押物市场价格较高时，海运物流公司只需设定较低的质押率即可给予出口商相同数额的贷款。因此，在出口海陆仓融资业务中，当出口商有多次融资需求时，海运物流公司应密切关注每次贷款期初质押物市场价格的变化情况，根据每次贷款期初质押物市场价格的升高（或降低）来优化调低（或调高）其质押率，以获取最大利润。

与此同时，在其他参数不变的情况下，质押量越高，最优质押率越高，究其原因，是由于质押量越高，则海运物流公司向出口商收取的发货地仓储费、海运费、收货地仓储费以及贷款利息越多，因此，质押量的增加将会使海运物流公司最大期望利润增加，从而导致质押率提高。因此，在出口海陆仓融资业务中，当出口商有多次融资需求时，海运物流公司应结合出口商每次融资质押的货物数量，根据每次质押货物数量的升高（或降低）来优化调高（或调低）

其质押率，以获取最大利润。

（二）价格和质押量对海运物流公司期望利润的影响

图 5－2 展示了在质押物价格和质押量都变动的情况下，海运物流公司最大期望利润的变化情况：

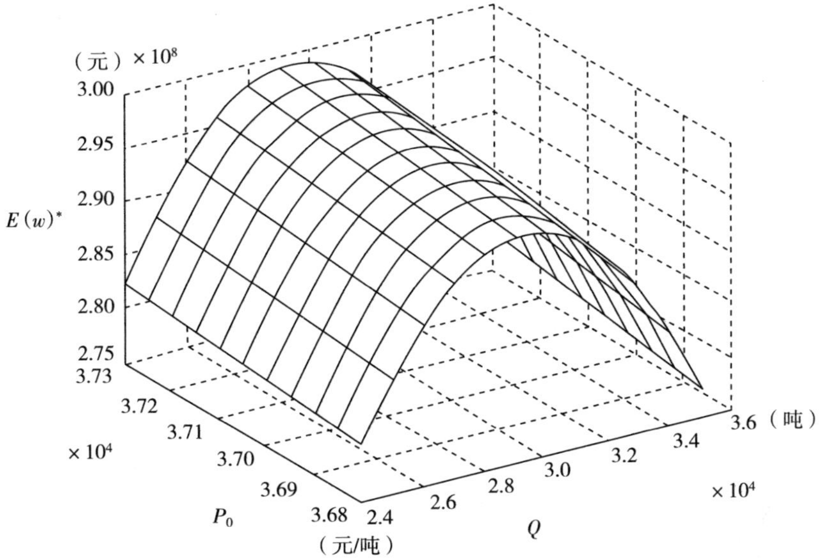

图 5－2　价格和质押量对最大期望利润的影响

通过图 5－2 可以发现，在其他参数不变的情况下，质押物价格越高，海运物流公司最大期望利润越高。究其原因，是由于贷款期初质押物市场价格越高，则海运物流公司设定较低的质押率即可给予出口商相同数额的贷款。而随着质押率的降低，海运物流公司的风险损失也会降低，因而其最大期望利润就会越高。因此，在出口海陆仓融资业务中，当出口商有多次融资需求时，海运物流公司应密切关注每次贷款期初质押物市场价格的变化情况，当贷款期初质押物价格升高（或降低）时，海运物流公司应合理降低（或提高）质押率，以降低风险并获取最大利润。

与此同时，在其他参数不变的情况下，随着质押量的增加，海运物流公司的最大期望利润呈先上升后下降的趋势。究其原因，是由于一方面出口商质押的货物数量越多，则海运物流公司运输和仓储盈利越高；但另一方面出口商质押的货物数量越多，海运物流公司给出口商的贷款本金会越高，其承担的金融风险就会越大。因此，在某一范围内，随着质押量的增加，海运物流公司运输和仓储的盈利增加值大于其承担风险的损失值，此时质押量越高，海运物流公司的最大期望利润越多；但超过这一范围后，随着质押量的增加，海运物流公司运输和仓储的盈利增加值会小于其承担风险的损失值，导致质押量越高，海运物流公司的最大期望利润越少。因此，在出口海陆仓融资业务中，当出口商有多次融资需求时，海运物流公司应结合出口商每次融资质押的货物数量优化调整其给出口商的贷款本金，以获取最大利润。

综上，在出口海陆仓融资业务中，海运物流公司应依据市场需求与价格的波动情况，综合考虑质押物的陆上仓储费用和海上运输费用，制定合理的质押率。此外，当出口商有多次融资需求时，海运物流公司应时刻关注质押物价格和质押量的变化情况，相应地优化调整出合理的质押率和贷款本金，以获取最大期望利润。

五、本章小结

本章研究了需求与价格呈线性下降关系，且价格服从几何布朗运动规律的出口海陆仓质押率优化问题。首先，将价格波动区间表示为与需求相关的函数表达式，并利用条件概率原理分析获得了出口海陆仓融资各种情形的发生概率；其次，综合考虑质押物在出口所在地和进口所在地的陆上仓储费用和海上运输费用，结合出口商的违约概率建立了海运物流公司关于质押率的期望利润分段函数模型；最后，推理证明了质押率最优解的存在，并运用数值逼近法和解析法设计了最优质押率的求解步骤。

算例验证了模型和算法的适用性和有效性。结果表明，最优质押率与质押物价格呈负相关关系，与质押量呈正相关关系；海运物流公司最大期望利润与质押物价格呈正相关关系，随着质押量的增加，海运物流公司最大期望利润呈先上升后下降趋势。

研究结论可以为海运物流公司在出口海陆仓融资中的质押率决策提供科学指导，即在出口海陆仓融资业务中，当出口商有多次融资需求时，海运物流公司应密切关注每次贷款期初质押物市场价格的变化情况，根据每次贷款期初质押物市场价格的升高（或降低）来优化调低（或调高）其质押率；同时，应结合出口商每次融资质押的货物数量，根据每次质押货物数量的升高（或降低）来优化调高（或调低）其质押率，或调整其给出口商的贷款本金，以获取最大期望利润。

第六章

基于信用额度和双重违约概率的质押率优化

第三章针对需求波动下的出口海陆仓质押率进行了优化，同时得出了价格对质押率决策也有重要影响的结论；第四章假定需求不变，针对价格波动下的出口海陆仓质押率进行了优化；第五章在前两章的基础上，将需求与价格联动考虑，针对价格服从几何布朗运动规律，且与需求呈线性负相关关系的出口海陆仓质押率进行了优化。上述章节分别针对需求波动、价格波动、需求与价格同时波动下的出口海陆仓质押率进行了优化，即重点分析了质押物价值波动风险对海运物流公司决策的影响。而在出口海陆仓融资的实际业务中，海运物流公司除了面临质押物价值波动风险以外，还面临着融资企业（出口商）和海外合作企业（进口商）双方的违约风险，以及融资企业自身的信用风险。因此，本章将综合考虑出口海陆仓融资业务中的质押物价值波动、出口商信用和进/出口商双方违约三重叠加风险，对出口海陆仓融资质押率优化问题进行深入的研究，以期为海运物流公司的出口海陆仓融资决策提供全面性的参考。

一、问题描述

在出口海陆仓融资业务中，海运物流公司除了一般的操作风险和海陆联运风险外，主要面临着质押物价值波动风险、出口商信用风险和进口商与出口商的违约风险，因此在做出口海陆仓质押率优化时，需要对如何控制这三重叠加风险进行分析。

（一）出口海陆仓融资三重叠加风险分析

在出口海陆仓融资中，质押物具有跨区域远洋运输的特殊性，并最终交由进口商处理。因此，海运物流公司不止面临着出口商的违约风险，也面临着进口商的违约风险，即在实际出口海陆仓融资业务中，需要同时考虑出口商和进口商双方的违约概率问题。

此外，出口商的信誉、资产负债和经营情况等因素对其信用水平也会产生一定的影响，因此，海运物流公司也面临着出口商的信用风险。

综上，在出口海陆仓融资的实际业务中，存在着出口商信用、出口商和进口商外生违约以及质押物价值波动三重叠加风险的新情况，需要海运物流公司设定科学合理的信用额度、外生违约概率和质押率来加以规避。因此，海运物流公司在考虑设定信用额度和外生违约概率以防范中小企业信用风险和外生违约风险的情况下，针对质押物价值波动风险，开展质押率优化研究已成为其出口海陆仓融资决策中的一个核心问题。

鉴于此，本章综合考虑出口海陆仓融资决策中的三重叠加风险，对出口海陆仓融资的质押率优化问题进行深入的研究，以期为海运物流公司的出口海陆仓融资质押率决策提供科学参考。

（二）考虑信用额度和违约概率下质押率优化思路

根据前文分析可知，出口海陆仓融资决策的主体是海运物流公司、出口商和进口商三方。三方的决策内容分别是：海运物流公司先设定质押率，出口商据此获得相应额度的贷款并确定货物价格，进口商则根据货物价格确定自身的订货量。在质押物价值波动、出口商信用以及出口商与进口商外生违约三重叠加风险下，海运物流公司、出口商、进口商三方的交易决策体现为双重 Stackelberg 博弈的关系，即海运物流公司的质押率决策在出口海陆仓融资三方决策中处于主导地位，出口商货物价格决策和进口商订货量决策则处于从属地位，三方的决策相互联动，相互制衡。

为此，本书解决出口海陆仓融资质押率优化问题的思路如下：首先，在出口商信用额度、出口商与进口商外生违约概率设定的基础上，根据贷款期末市场需求与订货量的关系以及进口商与出口商的 Stackelberg 博弈关系，建立进口商订货量与出口商货物价格联动模型［M1］；其次，根据出口商与海运物流公司的 Stackelberg 博弈关系，建立出口商货物价格与海运物流公司质押率联动模型［M2］；最后，采用微分法和逆向归纳法求解上述联动模型，得到海运物流公司的最优质押率，以实现海运物流公司期望利润的最大化。

二、联动优化模型

本章建立基于信用额度和双重违约概率的出口海陆仓融资质押率优化模型。为便于对该优化问题的建模与求解，本书做出一些假设，并针对优化模型中用到的参数与决策变量进行符号说明。

（一）模型假设与符号说明

1. 简化模型决策和分析过程的假设

（1）质押物市场需求信息对称，进口商根据质押物市场需求波动情况调整商品的市场售价，若期末质押物市场需求高于其订货量，则以 P_i 的价格销售货物；若期末质押物市场需求不高于其订货量，则直接以 P_a 的价格销售货物。

（2）当我们无法区分随机变量 x 落在区间 $[a, b]$ 上的概率有何不同时，就认为这些概率是均匀的（Das 和 Hanaoka，2014）。基于此，设质押物的市场需求 x 服从区间 $[a, b]$ 上的均匀分布，需求分布函数是连续、可微、严格递增的。

（3）所有利率按单利计算。

（4）进出口贸易条件为 DAP，将海运运费及保险费计入出口商成本。

2. 模型中的参数符号定义

θ 表示出口商信用额度，$0<\theta<1$（晏妮娜和孙宝文，2011）。

K_i 表示出口商为进口商设定的违约惩罚系数，$0<K_i<1$。

I_R 表示海运物流公司收入利率，即海运物流公司向出口商收取的融资服务费率。

I_r 表示海运物流公司支出利率，即海运物流公司向合作银行支付的利率。

S_e 表示出口商支付给海运物流公司的仓储费率。

S_i 表示进口商支付给海运物流公司的仓储费率。

C_e 表示出口商生产准备成本。

C_i 表示进口商订货固定成本。

C_f 表示海运物流公司在出口地的单位仓储成本。

C_h 表示海运物流公司在进口地的单位仓储成本。

C_g 表示海运物流公司在出口地的仓储固定成本。

C_j 表示海运物流公司在进口地的仓储固定成本。

G 表示海运物流公司的单位海运成本。

C_s 表示海运物流公司的海运固定成本。

H 表示海运物流公司的单位运价。

T_1 表示从质押物进入海运物流公司在出口地的仓库，到装船发运的时长。

T_2 表示海运时长。

T_3 表示从质押物到达海运物流公司在进口地的境外监管仓，到进口商提货的时长。

T 表示单笔存货质押融资业务的总时长，$T = T_1 + T_2 + T_3$。

α 表示进口商外生违约概率。

β 表示出口商外生违约概率。

P_i 表示进口商单位商品售价。

P_a 表示销售剩余存货时的单位商品处理价。

P_b 表示单位商品的原材料价格。

$F(x)$表示质押物市场需求的分布函数，$F(x)=\frac{x-a}{b-a}$。

$f(x)$表示质押物市场需求的概率密度函数。

3. 模型中的决策变量

ω 表示海运物流公司设定的质押率，$\omega \in [\omega_m, \omega_n]$，$0<\omega_m<\omega_n<1$，其中 ω_m 和 ω_n 分别表示质押率的下限和上限。

p_e 表示出口商的单位货物价格，即进口商的进货价，$p_e \in [P_m, P_n]$，其中，P_m 和 P_n 分别表示货物价格的最小值和最大值，可以通过历史数据获得。

q 表示进口商的订货量，即出口商的货物质押量。

为了保证模型的经济一致性，令 $P_i>p>P_a>P_b$。

（二）进口商订货量与出口商货物价格联动模型

模型［M1］用来分析进口商订货量和出口商批发价格的函数关系。进口商根据市场需求的波动情况选择是否付款提货，当市场需求不大于其订货量时，进口商就会以 α（$0\leqslant\alpha\leqslant1$）的概率违约。在这里，$\alpha$ 由海运物流公司根据进口商以往的违约情况等因素来给定。进口商的违约属于“部分违约”，即贷款期末，当其订货量 q 不低于市场需求量 x 时，进口商会先以 P_i 的价格销售数量为 x 的货物，再考虑以 P_a 的处理价格售出剩余 $q-x$ 数量的货物（不违约），或放弃提取剩余货物（违约）。因此，即使进口商违约，也仍有（P_i-p）x 的销售利润。而且，无论进口商是否支付货款以提取剩余货物，其仓储成本 S_iqT_3 和订货固定成本 C_i 都保持不变。

进口商需要根据市场需求波动情况做出最优订货量决策，从而令其所得利润最大。因此，接下来分析需求波动时进口商的期望利润函数，据此得出其期望利润最大时的最优订货量。考虑以下两种情况：

（1）贷款期末，当市场需求大于订货量（$x>q$）时，进口商的销售利润为（$P_i-p_e)q$，需要支付给海运物流公司的仓储费为 S_iqT_3。此时，进口商的期望利润 $E_1(q)$ 为：

$$E_1(q)=(P_i-p_e)q-S_iqT_3-C_i \tag{6-1}$$

（2）贷款期末，当市场需求不大于订货量（$0<x\leqslant q$）时，若进口商不违约，选择以 P_i 的价格销售数量为 x 的货物，再以 P_a 的处理价格售出剩余 $q-x$ 数量的货物，则其销售利润为 $P_ix+P_a(q-x)-p_eq$；若进口商违约，引入一个惩罚系数 K_i，即进口商需要向出口商支付的经济损失成本为 $K_ip_e(q-x)$，而进口商的销售利润仍为（$P_i-p_e)x$。此时，进口商的期望利润 $E_2(q,x)$ 为：

$$E_2(q,x)=(1-\alpha)[P_ix+P_a(q-x)-p_eq]+\alpha[(P_i-p_e)x-K_ip_e(q-x)]-S_iqT_3-C_i \tag{6-2}$$

定理1 进口商的最优订货量 q^* 存在，且为出口商批发价格 p_e 的函数。

证明 根据式（6-1）和式（6-2），可得贷款期末进口商的期望利润 E_q 为：

$$\begin{aligned}E_q &= \int_q^b E_1(q)f(x)\mathrm{d}x+\int_a^q E_2(q,x)f(x)\mathrm{d}x\\
&=[(P_i-p_e)q-S_iqT_3-C_i]\int_q^b f(x)\mathrm{d}x+[P_i-P_a+\\
&\quad \alpha(P_a-p_e-K_ip_e)]\int_a^q xf(x)\mathrm{d}x+[(1-\alpha)(P_a-p_e)q-\\
&\quad \alpha K_ip_eq-S_iqT_3-C_i]\int_a^q f(x)\mathrm{d}x\\
&=-\frac{P_i-P_a+\alpha(P_a+3K_ip_e-p_e)}{2(b-a)}q^2-\frac{a^2[P_i-P_a+\alpha(P_a-p_e-K_ip_e)]}{2(b-a)}-\\
&\quad C_i+\frac{b(P_i-p_e)+a(1-\alpha)(p_e-P_a)+a\alpha K_ip_e+(a-b)S_iT_3}{b-a}q\end{aligned} \tag{6-3}$$

对式（6－3）求 q 的一阶导数，得：

$$\frac{\partial E_q}{\partial q}=-\frac{P_i-P_a+\alpha(P_a+3K_ip_e-p_e)}{b-a}q+\frac{b(P_i-p_e)+a(1-\alpha)(p_e-P_a)+a\alpha K_ip_e}{b-a}-S_iT_3 \tag{6-4}$$

令式（6－4）等于0时，则进口商的最优订货量 q^* 可以表示为：

$$q^*=\frac{[a\alpha(K_i-1)+a-b]p_e+bP_i-a(1-\alpha)P_a+(a-b)S_iT_3}{\alpha(3K_i-1)p_e+P_i-(1-\alpha)P_a} \tag{6-5}$$

由式（6－5）可以看出，进口商的最优订货量 q^* 存在，且为出口商货物批发价格 p_e 的函数。

得证。

由定理1可以看出，进口商要想做出最优订货量决策，就需要明确出口商制定的最优货物批发价格。因此，接下来分析需求波动时出口商的期望利润函数，据此得出其期望利润最大时的最优货物价格。

贷款期末，若进口商选择提货，则出口商必还贷；若进口商不提货，则出口商以 β（$0\leqslant\beta\leqslant1$）的概率违约不还贷。在这里，$\beta$ 由海运物流公司根据出口商以往的违约情况等因素来给定。出口商需要支付给海运物流公司的仓储费为 S_eqT_1，海运费为 Hq。因此，出口商在不同情况下的期望利润函数如下：

（1）贷款期末，当进口商选择提货时，出口商销售利润为 $(p_e-P_b)q$。贷款期初，出口商从海运物流公司处获得的贷款额为 $\theta\omega p_eq$，期末需要偿还 $\theta\omega p_eq(1+I_RT)$ 的贷款本息。此时，出口商的期望利润 $E_1(p_e)$ 为：

$$E_1(p_e)=\theta\omega p_eq+(p_e-P_b)q-\theta\omega p_eq(1+I_RT)-S_eqT_1-Hq-C_e$$

$$=(p_e-P_b-\theta\omega p_eI_RT-S_eT_1-H)q-C_e \tag{6-6}$$

（2）当贷款期末进口商选择不再提货时，出口商将获得由进口商支付的经济损失成本 $K_ip_e(q-x)$。在这种情况下，若出口商不违约，它将继续以 P_a 的处理价格销售剩余 $q-x$ 的存货，并于期末向海运物流公司支付 $\theta\omega p_eq(1+I_RT)$ 的贷款本息；若出口商违约，则其只需要向海运物流公司支付 $\theta\omega p_ex(1+I_RT)$ 的贷款本息。此时，出口商的期望利润 $E_2(p_e)$ 为：

$$\begin{aligned}E_2(p_e,\ x)=&\ \theta\omega p_eq+p_ex-P_bq+K_ip_e(q-x)+(1-\beta)[P_a(q-x)-\\&\theta\omega p_eq(1+I_RT)]-\beta\theta\omega p_ex(1+I_RT)-S_eqT_1-Hq-C_e\\=&\ [\beta\theta\omega(1+I_RT)-\beta+K_i]p_e(q-x)+E_1(p_e)\end{aligned} \tag{6-7}$$

定理 2 出口商的最优货物批发价格 p_e^* 存在，且会受到海运物流公司质押率 ω 的影响。

证明 根据式（6-6）和式（6-7），可得出口商的期望利润 E_{p_e} 为：

$$\begin{aligned}E_{p_e}=&\int_q^b E_1(p_e)f(x)\mathrm{d}x+(1-\alpha)\int_a^q E_1(p_e)f(x)\mathrm{d}x+\alpha\int_a^q E_2(p_e,x)f(x)\mathrm{d}x\\=&\frac{\alpha(q-a)^2[(1-\beta)P_a+\beta\theta\omega p_e(1+I_RT)-(1-K_i)p_e]}{2(b-a)}+\\&E_1(p_e)\end{aligned} \tag{6-8}$$

将 q^* 代入式（6-8），则式（6-8）可以表示为：

$$\begin{aligned}E_{p_e}=&\frac{\alpha[(1-\beta)P_a+\beta\theta\omega p_e(1+I_RT)-(1-K_i)p_e]}{2(b-a)}\times\\&\left(\frac{[a\alpha(K_i-1)+a-b]p_e+bP_i-a(1-\alpha)P_a+(a-b)S_iT_3}{\alpha(3K_i-1)p_e+P_i-(1-\alpha)P_a}-a\right)^2-\\&C_e+(p_e-P_b-\theta\omega p_eI_RT-S_eT_1-H)\times\\&\frac{[a\alpha(K_i-1)+a-b]p_e+bP_i-a(1-\alpha)P_a+(a-b)S_iT_3}{\alpha(3K_i-1)p_e+P_i-(1-\alpha)P_a}\end{aligned} \tag{6-9}$$

由式（6－9）可见，当海运物流公司给定了质押率 ω 时，E_{p_e} 就是关于变量 p_e 的一元非线性函数。因此，式（6－9）的最大值会在函数的极值点或端点（P_m 和 P_n）处取得。

首先，需要令式（6－9）关于 p_e 的一阶导数值为零，以得到各极值点。则式（6－9）对 p_e 求一阶导数结果如下：

$$\frac{\partial E_{p_e}}{\partial p_e}=\frac{\alpha[\beta\theta\omega(1+I_RT)+K_i-1]\times\left\{\frac{p_e[a\alpha(K_i-1)+a-b]-a(1-\alpha)P_a+S_iT_3(a-b)+bP_i}{\alpha(3K_i-1)p_e-(1-\alpha)P_a+P_i}-a\right\}^2}{2(b-a)}+$$

$$\frac{\alpha[\beta\theta\omega p_e(1+I_RT)+(1-\beta)P_a-(1-K_i)p_e]}{b-a}\times$$

$$\left\{\frac{p_e[a\alpha(K_i-1)+a-b]-a(1-\alpha)P_a+S_iT_3(a-b)+bP_i}{\alpha(3K_i-1)p_e-(1-\alpha)P_a+P_i}-a\right\}\times$$

$$\left\{\frac{a\alpha(K_i-1)+a-b}{\alpha(3K_i-1)p_e-(1-\alpha)P_a+P_i}-\frac{\alpha(3K_i-1)(p_e(a\alpha(K_i-1)+a-b)-a(1-\alpha)P_a+S_iT_3(a-b)+bP_i)}{[\alpha(3K_i-1)p_e-(1-\alpha)P_a+P_i]^2}\right\}-$$

$$\frac{\alpha(3K_i-1)(p_e-P_b-\theta\omega p_eI_RT-S_eT_1-H)[p_e(a\alpha(K_i-1)+a-b]-a(1-\alpha)P_a+S_iT_3(a-b)+bP_i}{[\alpha(3K_i-1)p_e-(1-\alpha)P_a+P_i]^2}+$$

$$\frac{[a\alpha(K_i-1)+a-b](p_e-P_b-\theta\omega p_eI_RT-S_eT_1-H)}{\alpha(3K_i-1)p_e-(1-\alpha)P_a+P_i}+$$

$$\frac{(1-\theta\omega I_RT)[p_e(a\alpha(K_i-1)+a-b)-a(1-\alpha)P_a+S_iT_3(a-b)+bP_i]}{\alpha(3K_i-1)p_e-(1-\alpha)P_a+P_i}$$

（6－10）

为了简化计算，令 $M=a\alpha(K_i-1)+a-b$，$N=S_iT_3(a-b)+bP_i-a(1-\alpha)P_a$，$U=\alpha(3K_i-1)$，$V=P_i-(1-\alpha)P_a$，$Y=-P_b-S_eT_1-H$，$Z=\alpha[\beta\theta\omega(1+I_RT)+K_i-1]$，$R=1-\theta\omega I_RT$，则式(6－10)可以简化为：

$$\frac{\partial E_{p_e}}{\partial p_e}=\frac{Z[Mp_e+N-a(Up_e+V)]^2}{2(b-a)(Up_e+V)^2}-\frac{U(Y+Rp_e)(Mp_e+N)}{(Up_e+V)^2}+\frac{M(Y+Rp_e)+R(Mp_e+N)}{Up_e+V}+\frac{[Zp_e+\alpha(1-\beta)P_a][Mp_e+N-a(Up_e+V)][M(Up_e+V)-U(Mp_e+N)]}{(b-a)(Up_e+V)^3}\tag{6-11}$$

令式（6－11）等于0，则可得到其极值点。由于式（6－11）为关于 p_e 的一元三次非线性函数，且该式中含有大量以字母表示的参数，难以直接求解，因此，本书利用 Wolfram Mathematica 9.0.1 软件求解此类问题（李声锋和董毅，2015）。为缩短 p_e 表达式的长度，进一步将式（6－11）等于0的表示简化为：

$$up_e^3+mp_e^2+np_e+z=0\tag{6-12}$$

在式（6－12）中，$u=U[Z(M-aU)^2+2MUR(b-a)]$，$m=Z(M-aU)[V(M-3aU)+2NU]+2ZU(M-a)(MV-NU)+6MVUR(b-a)$，$n=Z(N-aV)(4MV-3aUV-NU)+2(b-a)VR(NU+2M)+2U(MV-NU)[\alpha P_a(1-\beta)(M-a)+Y(b-a)]$，$z=ZV(N-aV)^2-2V(b-a)[Y(NU+MV)+NVR]+2\alpha P_a(1-\beta)(N-aV)(MV-NU)$。

因此，式（6－12）的解为：

$$p_0=p_e=\frac{\left(-2m^3+9mnu-27u^2z+\sqrt{4(-m^2+3nu)^3+(-2m^3+9mnu-27u^2z)^2}\right)^{\frac{1}{3}}}{3\sqrt[3]{2}u}-\frac{m}{3u}-\frac{\sqrt[3]{2}(-m^2+3nu)}{3u\left(-2m^3+9mnu-27u^2z+\sqrt{4(-m^2+3nu)^3+(-2m^3+9mnu-27u^2z)^2}\right)^{\frac{1}{3}}}\tag{6-13}$$

需要注意的是，在式（6－12）求解的过程中，另外两个解中存在虚数部，应当被舍弃。

其次，将 p_0、P_m 和 P_n 分别代入式（6－9）中，能够令出口商期望利润最大的价格即为最优货物批发价格。因此，出口商最优货物批发价格 p_e^* 应为：

$$p_e^* = \begin{cases} P_m & if \quad E(p_e)_{\max} = E(P_m) \\ p_0 & if \quad E(p_e)_{\max} = E(p_0) \\ P_n & if \quad E(p_e)_{\max} = E(P_n) \end{cases} \tag{6-14}$$

由式（6－14）可见，最优货物批发价格 p_e^* 存在，且可以从 p_0、P_m 或 P_n 中取得。而 p_0 值的变化又与质押率 ω 相关，因此，可以说出口商的最优货物批发价格 p_e^* 会受到海运物流公司质押率 ω 的影响。

得证。

综上，由定理2可以看出，在海运物流公司给定最优质押率的情况下，出口商可以得到其最优货物批发价格。因此，接下来需要分析海运物流公司的期望利润函数，以得到最优质押率。

（三）出口商货物价格与海运物流公司质押率联动模型

模型［M2］用来分析出口商货物批发价格和海运物流公司质押率之间的函数关系。贷款期末，海运物流公司根据出口商还贷情况决定是否变卖剩余质押物。如果出口商到期偿还所有本金和利息，则海运物流公司可以获得利息收益为 $\theta\omega p_e q I_R T$；反之，则海运物流公司只能从出口商处获得已销售的 x 部分货物的贷款本息 $\theta\omega p_e x$（$1+I_R T$），而剩余 $q-x$ 部分的货物需要由海运物流公司自行处理，以每单位 P_a 的价格售出以弥补损失。此外，无论期末出口商是否还款，海运物流公司都需要向合作银行支付 $\theta\omega p_e q(1+I_r)T$。因此，针对出口商是否还款，考虑以下两种情况下海运物流公司的期望利润函数：

（1）贷款期末，若出口商偿还剩余部分贷款本息，则海运物流

公司的期望利润 E_1（ω）为：

$$E_1(\omega)=\theta\omega p_e q(I_R-I_r)T+(S_e-C_f)qT_1-C_g+(S_i-C_h)qT_3-C_j+(H-G)q-C_s \tag{6-15}$$

（2）贷款期末，若出口商不偿还剩余部分贷款，则海运物流公司的期望利润 E_2（ω，x）为：

$$E_2(\omega)=\theta\omega p_e x(1+I_R T)+P_a(q-x)-\theta\omega p_e q(1+I_r T)+(S_e-C_f)qT_1-C_g+(S_i-C_h)qT_3-C_j+(H-G)q-C_s \tag{6-16}$$

定理3 当进口商以最优订货量、出口商以最优货物批发价格决策时，海运物流公司的最优质押率 ω^* 存在。

证明 根据式（6－15）和式（6－16），可得贷款期末海运物流公司的期望利润 E_ω 为：

$$\begin{aligned}E_\omega &= \int_q^b E_1(\omega)f(x)\mathrm{d}x+(1-\alpha\beta)\int_a^q E_1(\omega)f(x)\mathrm{d}x+\alpha\beta\int_a^q E_2(\omega,x)f(x)\mathrm{d}x\\ &= [\theta\omega p_e(I_R-I_r)T+(S_e-C_f)T_1+(S_i-C_h)T_3+(H-G)]q+\\ &\quad \frac{\alpha\beta[P_a-\theta\omega p_e(1+I_R T)](q-a)^2}{2(b-a)}-C_g-C_j-C_s\end{aligned} \tag{6-17}$$

将 q^* 代入式（6－17）中，则式（6－17）可以表示为：

$$\begin{aligned}E_\omega &= [\theta\omega p_e(I_R-I_r)T+(S_e-C_f)T_1+(S_i-C_h)T_3+H-G]\frac{Mp_e+N}{Up_e+V}-\\ &\quad C_g-C_j-C_s+\frac{\alpha\beta[P_a-\theta\omega p_e(1+I_R T)]}{2(b-a)}\left(\frac{Mp_e+N}{Up_e+V}-a\right)^2\end{aligned} \tag{6-18}$$

由式（6－18）可见，E_ω 中存在 p_e 和 ω 两个决策变量，而通过式（6－14）已知，最优的 p_e 是关于 ω、常数 P_m 或常数 P_n 三者之一的函数。因此，分别将这个含有 ω 的函数、P_m 和 P_n 代入式（6－

18)，则式（6－18）就成为只和决策变量 ω 相关的一元函数。具体求解过程包括以下三种情况：

（1）当 $p_e^* = P_m$ 时，式（6－18）可以看成只和 ω 相关的一元函数。此时，式（6－18）关于 ω 的一阶导数为：

$$\frac{\partial E_\omega}{\partial \omega} = P_m(I_R - I_r)T\frac{MP_m + N}{UP_m + V} - (\frac{MP_m + N}{UP_m + V} - a)^2\frac{\alpha\beta(1 + I_R T)P_m}{2(b - a)} \tag{6-19}$$

若式（6－19）为正，则式（6－18）是一个单调递增函数，函数最大值在质押率区间上限取得。此时，最优质押率为 ω_n。

若式（6－19）为负，则式（6－18）是一个单调递减函数，函数最大值在质押率区间下限取得。此时，最优质押率为 ω_m。

（2）当 $p_e^* = P_n$ 时，式（6－18）依然是只和 ω 相关的一元函数。此时，式（6－18）关于 ω 的一阶导数为：

$$\frac{\partial E_\omega}{\partial \omega} = P_n(I_R - I_r)T\frac{MP_n + N}{UP_n + V} - \left(\frac{MP_n + N}{UP_n + V} - a\right)^2\frac{\alpha\beta(1 + I_R T)P_n}{2(b - a)} \tag{6-20}$$

同样地，若式（6－20）为正，则最优质押率为 ω_n；若式（6－20）为负，则最优质押率为 ω_m。

（3）当 $p_e^* = p_0$ 时，式（6－18）也是只和 ω 相关的一元非线性函数，函数最大值可以在各极值点或端点（ω_m 和 ω_n）处取得。在这种情况下，最优质押率的求解步骤如下：

首先，将 p_0 代入式（6－18）中。由于代入后展开的表达式过于复杂，因此，当求解此类实际问题时，需要将所有已知参数代入式（6－18）中以简化计算。

其次，由于 Matlab 软件能够快速求解此类计算量庞大的数学问题，因此，本书利用该软件对式（6－18）求 ω 的一阶导数，并令该导数值等于 0，以得到函数（6－18）的各极值点。

最后，将得到的各极值点、端点 ω_m 和端点 ω_n 分别代入式（6－18），其中能够令海运物流公司期望利润值最大的质押率即为 $p_e^* = p_0$ 情况下的最优质押率。

基于上述三种情况可以看出，当进口商以最优订货量、出口商以最优货物批发价格决策时，海运物流公司的最优质押率 ω^* 存在，并且是从能够令海运物流公司期望利润最大的各极值点、端点 ω_m 和端点 ω_n 处取得的。

得证。

三、求解步骤设计与算例分析

根据上述定理以及出口海陆仓融资三方之间的双重 Stackelberg 博弈关系，在海运物流公司做出最优质押率决策的情况下，出口商需要做出最优货物价格决策，而进口商则需要在出口商最优决策的情形下做出其最优订货量决策。因此，在供应链协同均衡下，可以采用逆向归纳法求解。

（一）逆向归纳求解步骤设计

求解步骤设计如下：

步骤 1：将所有参数的值代入式（6－18）中，得到一个关于变量 p_e 和变量 ω 的二元函数 $E(p_e, \omega)$。

步骤 2：令 $p_e = P_m$，对 $E(p_e, \omega)$ 求 ω 的一阶导数，如果导数值为正，则输出 ω_n 和 $E(P_m, \omega_n)$；如果导数值为负，则输出 ω_m 和

$E(P_m, \omega_m)$。

步骤3：令 $p_e = P_n$，对 $E(p_e, \omega)$ 求 ω 的一阶导数，如果导数值为正，则输出 ω_n 和 $E(P_n, \omega_n)$；如果导数值为负，则输出 ω_m 和 $E(P_n, \omega_m)$。

步骤4：令 $p_e = p_0$，对 $E(p_e, \omega)$ 求 ω 的一阶导数并令导数值为零，得到各极值点$(\omega_1, \omega_2, \omega_3 \cdots)$。由于该计算规模过大，因此，调用 Matlab 软件包中的 fsolve（@ fun，ω_0）函数求解该函数，以减少运算时间（此处的 ω_0 为海运物流公司根据经验设定的质押率初值）。将各极值点、端点 ω_m 和端点 ω_n 分别代入 $E(p_e, \omega)$ 中，并比较所得期望利润的大小。输出最大期望利润 $E(p_0, \omega)$ 及其所对应的质押率 ω。

步骤5：比较 $E(P_m, \omega_n)$（或 $E(P_m, \omega_m)$）、$E(P_n, \omega_n)$（或 $E(P_n, \omega_m)$）和 $E(p_0, \omega)$ 的大小，输出其中的最大值 $E(\omega)^*$ 及所对应的最优质押率 ω^*。

（二）算例结果分析

为验证模型的有效性，对某出口海陆仓融资业务中的铜产品进行模拟质押。假设海运物流公司开展出口海陆仓融资业务的收入利率和支出利率分别为5‰和4‰，在出口地和进口地的单位仓储成本分别为0.1元/吨·天和0.2元/吨·天，在出口地和进口地的仓储固定成本分别为1000元和2000元，单位运价为3000元/吨，单位海运成本为2000元/吨，海运过程中产生的固定成本为9000元；该批铜产品在发货地和收货地仓库的储存时长都为30天，海运时长为60天；出口商和进口商支付给海运物流公司的仓储费率分别为0.5元/吨·天和0.7元/吨·天，出口商的生产准备成本为24000元，进口商的订货固定成本为18000元；进口商对铜产品的市场售价为18000元/吨，销售剩余存货时的处理价格为6000元/吨，制作铜产品的铜矿价格为2000元/吨；铜产品的市场需求在150~450吨/年波动，市场售价在10000~30000元/吨波动；海运物流公司设定的质押率范围为30%~70%。此外，当前海运物流公司通常会根据经验，按照融资企业质押物价值的70%来发放贷款，因此，设定质押率初值为70%。

根据上述求解步骤，利用Matlab软件包设计求解程序，并针对算例中各参数的取值，对本书构建的质押率与订货量及货物价格联动优化模型进行求解。其中，为比较分析信用额度θ、进口商外生违约概率α、出口商外生违约概率β、违约惩罚系数K_i等要素对海运物流公司质押率和期望利润优化结果的影响，分别在区间［0，1］上对这四个参数进行合理取值，并选取部分结果进行展示，主要分为6种情形，如表6-1所示。

表6-1 海运物流公司最优质押率及最大期望利润结果对比

参数	θ	α	β	K_i	ω（%）	E_ω（元）
情形1	1	0	0	0.4	70	640470
情形2	1	0.5	0.5	0.4	63.63	6418700000
情形3	0.95	0.5	0.5	0.4	68.22	6502800000
情形4	0.95	0.8	0.5	0.4	67.81	3491700000
情形5	0.95	0.5	0.7	0.4	42	5776500000
情形6	0.95	0.5	0.5	0	70	587820

由表6-1可见，出口商信用额度、进口商外生违约概率、出口商外生违约概率以及出口商针对进口商违约所引入的惩罚系数，对海运物流公司质押率和期望利润的优化结果都有影响。

将情形1和情形2的数值结果对比可知，在出口海陆仓融资业务中，进口商和出口商的外生违约概率对海运物流公司的最优质押率以及最大期望利润结果都有一定的影响，且对期望利润影响效果显著。因此，海运物流公司在制定质押率决策时，应考虑到进口商和出口商的外生违约风险问题，设定进口商和出口商外生违约概率以提高利润。

将情形2和情形3的数值结果对比可知，当不考虑出口商的信用额度（即 $\theta=1$）时，海运物流公司设定较低的质押率即可为出口商提供其所需贷款，但会面临出口商的信用风险，从而导致期望利润有所降低。因此，海运物流公司在制定融资决策时，应根据出口商的信用水平等情况设定信用额度，从而降低信用风险并提高自身利润。

将情形3和情形4的数值结果对比可知，进口商外生违约概率对海运物流公司的最优质押率和最大期望利润有一定的影响，但影响效果不显著，主要规律体现为进口商外生违约概率越高，最优质押率越低，海运物流公司期望利润也越少。因此，海运物流公司在制定融资决策时设定进口商外生违约概率，在一定程度上能够降低进口商外生违约风险造成的损失，从而提高自身利润。

将情形3和情形5的数值结果对比可知，出口商外生违约概率对海运物流公司的最优质押率和最大期望利润影响较大，且出口商外生违约概率越高，最优质押率越低，海运物流公司期望利润也越少。因此，海运物流公司在制定融资决策时设定出口商外生违约概率，能够降低出口商外生违约风险造成的损失，从而提高自身利润。

将情形3和情形6的数值结果对比可知，出口商针对进口商违约所引入的惩罚系数对质押率的影响较小，对海运物流公司期望利润的影响较大。当出口商在与进口商签订的合同中没有考虑违约惩罚情况（即 $K_i=0$）时，海运物流公司设定的最优质押率会偏高，即理论上会发放给出口商较高的贷款额。然而，由于对进口商履约与否缺乏有经济效力的约束，海运物流公司在贷款期末也会面临着极大的进口商违约风险，从而造成利润的损失。因此，海运物流公司作为出口海陆仓融资业务的主导方，应关注其他业务参与方之间是否具有违约惩罚约束，针对违约惩罚约束调整自身的质押率决策，以规避风险并提高利润。

四、敏感性分析

由于进口商和出口商外生违约概率、出口商信用额度和违约惩罚系数是影响海运物流公司质押率决策的重要条件，因此，本书以下针对质押率与出口商外生违约概率、进口商外生违约概率、出口商信用额度、违约惩罚系数的关系分别进行敏感性分析，以便进一步验证模型的适用性。

（一）进/出口商外生违约概率对质押率的影响

继续利用本章算例数据，在 $\theta=0.95$、$K_i=0.4$ 的情况下，令进口商外生违约概率 α 在［0.3，1］之间取值，出口商外生违约概率 β 在［0.5，0.725］之间取值，得到海运物流公司质押率的变化情况如表 6－2 所示。

为更直观地展示进口商和出口商外生违约概率变化对海运物流公司最优质押率的影响，本书去除表 6－2 中的干扰数据后作三维图，如图 6－1 所示。

表 6-2　进口商违约概率和出口商违约概率对最优质押率的影响

α \ β	0.5000	0.5250	0.5750	0.6250	0.6500	0.6750	0.7000	0.7250
0.30	0.6617	0.6271	0.5677	0.5150	0.7000	0.7000	0.4846	0.7000
0.35	0.6640	0.6293	0.5699	0.6976	0.4993	0.7000	0.5079	0.4443
0.40	0.7000	0.6314	0.5720	0.5241	0.5013	0.4815	0.4632	0.4462
0.45	0.6680	0.7000	0.5739	0.4826	0.6641	0.7000	0.6132	0.4481
0.50	0.6822	0.6352	0.5758	0.7000	0.5051	0.4860	0.4200	0.6908
0.55	0.6552	0.6369	0.7000	0.5283	0.5067	0.4868	0.7000	0.4515
0.60	0.6730	0.7000	0.7000	0.5299	0.5083	0.4884	0.4701	0.7000
0.65	0.7000	0.7000	0.6156	0.5152	0.7000	0.6808	0.7000	0.7000
0.70	0.7000	0.7000	0.5820	0.5328	0.5096	0.4914	0.7000	0.7000
0.75	0.7000	0.7000	0.5846	0.6999	0.6337	0.6570	0.6929	0.7000
0.80	0.6781	0.6437	0.5845	0.5354	0.5138	0.7000	0.7000	0.7000
0.85	0.6791	0.6448	0.7000	0.6981	0.7000	0.7000	0.4768	0.7000
0.90	0.6801	0.6458	0.5867	0.5377	0.7000	0.6973	0.7000	0.7000
0.95	0.6809	0.6467	0.7000	0.5805	0.7000	0.7000	0.6997	0.7000
1.00	0.6817	0.6476	0.5887	0.5399	0.5807	0.4980	0.7000	0.7000

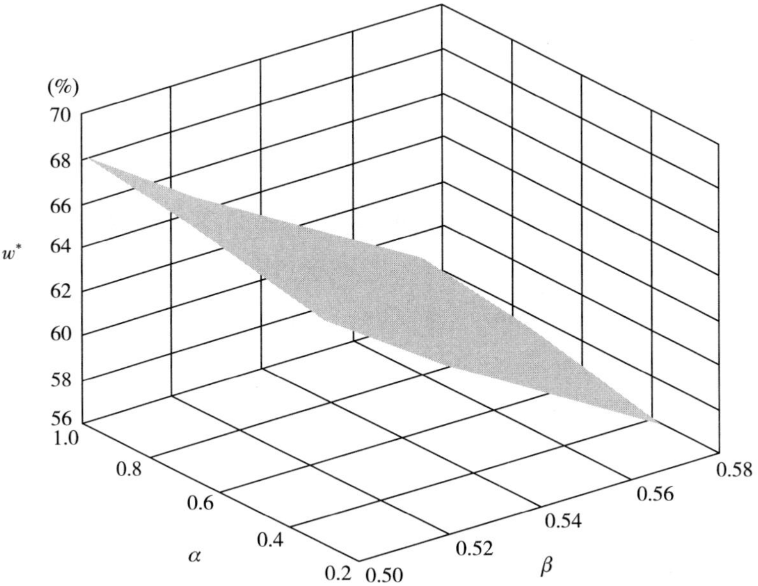

图 6-1　进口商和出口商外生违约概率对最优质押率的影响

由图 6 – 1 可以看出：

（1）当进口商外生违约概率 α 变化时，海运物流公司最优质押率 ω^* 的波动幅度非常小，即质押率对进口商外生违约概率不敏感。究其原因，是由于进口商外生违约概率由海运物流公司外生给定，不会影响质押物市场价值的波动，并且当贷款期末进口商违约时，只要出口商仍然选择偿还剩余贷款，则海运物流公司的收益便可以得到保障。此外，进口商的违约风险在一定程度上还会受到出口商与其签订合约中的经济违约惩罚的控制，因此，进口商外生违约概率的变化对质押率的影响较小。

（2）当出口商外生违约概率 β 逐渐增大时，海运物流公司最优质押率 ω^* 则明显降低，即质押率与出口商违约概率呈负相关关系。究其原因，是由于随着出口商违约概率的提高，海运物流公司承担的出口商违约风险也不断增加，发放给出口商的贷款额就应该越少，故最优质押率越低。因此，在出口海陆仓融资业务中，海运物流公司应考虑到出口商的违约风险问题，根据出口商违约概率的增大（或减小）来优化调低（或调高）其质押率，从而降低风险并提高利润。此结论与第四章算例分析中出口商违约概率对质押率的影响一致。

（二）出口商信用额度和违约惩罚对质押率的影响

同样地，在 $\alpha = 0.5$、$\beta = 0.5$ 的情况下，令出口商信用额度 θ 在［0.75，0.95］之间取值，出口商给进口商设定的违约惩罚系数 K_i 在［0.5，0.9］之间取值，得到海运物流公司质押率的变化情况如表 6 – 3 所示。

为更直观地展示出口商信用额度和违约惩罚系数变化对海运物流公司最优质押率的影响，去除表 6 – 3 中的干扰数据后作三维图，如图 6 – 2 所示。

表 6-3 出口商信用额度和违约惩罚系数对最优质押率的影响

θ \ K_i	0.5000	0.5500	0.6000	0.6500	0.7000	0.7500	0.8000	0.8500	0.9000
0.75	0.6834	0.6191	0.5652	0.5222	0.4914	0.4754	0.4787	0.5086	0.5794
0.80	0.6407	0.5804	0.5299	0.4895	0.4607	0.4457	0.4487	0.4656	0.5432
0.85	0.6030	0.5463	0.4987	0.4607	0.4336	0.4195	0.4223	0.4488	0.5112
0.90	0.5695	0.5159	0.4710	0.4351	0.4095	0.3962	0.3989	0.4238	0.4828
0.95	0.5395	0.4888	0.4462	0.4122	0.3879	0.3754	0.7000	0.4015	0.4574

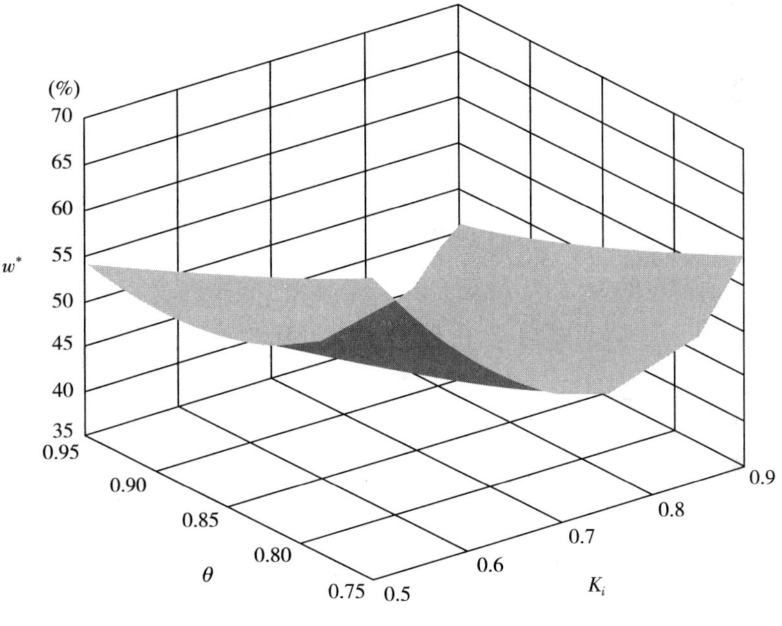

图 6-2 出口商信用额度和违约惩罚系数对最优质押率的影响

由图 6-2 可以看出：

(1) 当出口商信用额度 θ 在 [0.75, 0.95] 之间逐渐增大时，最优质押率 ω^* 明显降低。究其原因，是由于海运物流公司给出口商的信用额度与其信用水平相关，信用水平评估结果越好，出口商信用额度越高，则海运物流公司只需设定较低的质押率即可给予出口商相同数额的贷款。此外，质押率等于贷款额与质押物价值的比率，而质押物价值等于质押物价格与质押量的乘积，因此，在贷款额与质押物价格不变的情况下，质押率越低，质押量就越低。也就是说，出口商信用额度越高，提供给海运物流公司的质押物数量可以越少；反之，则提供的质押物数量越多。

（2）当违约惩罚系数 K_i 在［0.5，0.9］之间逐渐增大时，最优质押率 ω^* 前期波动幅度不明显，后期则呈明显上升趋势。究其原因，是由于当出口商为进口商规定的违约惩罚系数较小时，无法对进口商的违约行为起到震慑和约束作用；只有当设定的违约惩罚系数足够大时，才会对进口商违约行为具有约束力，从而降低其违约风险。而进口商的违约风险越低，出口商期末正常还贷的可能性越高，海运物流公司发放给出口商的贷款额就应该越多，故最优质押率越高。因此，在出口海陆仓融资业务中，海运物流公司作为出口海陆仓融资业务的主导方，应关注其他业务参与方之间是否具有违约惩罚约束以及惩罚的多少，据此不断调整自身的质押率决策，以获取最大利润。

综合上述分析，可以得到以下结论：

（1）在出口海陆仓融资优化决策过程中，同时考虑进口商和出口商的外生违约风险问题，能够令海运物流公司获得更高的期望利润。海运物流公司应该针对进口商与出口商的信用水平和以往的违约情况进行评估，据此给定合理的双重违约概率，从而制定出科学的质押率决策，以降低风险并提高利润。

（2）质押率对进口商外生违约概率不敏感，而与出口商外生违约概率呈显著的负相关关系。海运物流公司应密切关注出口商外生违约概率的历史变化情况，据此设定科学合理的质押率。对于违约概率较高的出口商，海运物流公司可制定较低的质押率；反之，对于违约概率较低的出口商，海运物流公司则应制定较高的质押率，以提高利润并降低风险。

(3) 质押率与出口商信用额度呈负相关关系。海运物流公司应时刻关注出口商信用额度的变化，制定合理的质押率。对于拥有较高信用额度的出口商，海运物流公司可制定较低的质押率；反之，对于拥有较低信用额度的出口商，海运物流公司则应制定较高的质押率，以提高利润并降低风险。

(4) 当违约惩罚系数在较小的数值范围内变化时，质押率的波动趋势并不明显；只有当违约惩罚系数足够大时，质押率才与其呈正相关关系。海运物流公司应关注出口商与进口商之间的违约惩罚问题，敦促进/出口双方设定有约束力的违约惩罚系数，并根据此违约惩罚系数的增大（或减小）来优化调高（或调低）其质押率，从而降低风险并提高利润。

五、本章小结

本章针对出口海陆仓融资中存在的出口商信用风险、进/出口商外生违约风险以及质押物价值波动风险，研究了需求服从均匀分布规律且与价格有一定联动规律下的出口海陆仓融资质押率优化问题，为海运物流公司更全面地规避风险、制定质押率决策提供了参考。

根据海运物流公司、出口商和进口商三者之间的双重 Stackelberg 博弈关系，建立了基于信用额度和双重外生违约概率的进口商订货量与出口商货物价格联动优化模型 [M1]，以及出口商货物价格与海运物流公司质押率联动优化模型 [M2]，采用微分法和逆向归纳法求出了海运物流公司的最优质押率和最大期望利润，并对进口商违约概率、出口商外生违约概率、出口商信用额度、违约惩罚系数四个要素与质押率的关系进行了敏感性分析。这在理论上厘清了风险控制指标下质押率与信用额度、外生违约概率之间的关系，从而为出口海陆仓融资决策提供了有益的参考。

算例和敏感性分析结果表明，在出口海陆仓融资优化决策过程中，同时考虑进口商和出口商的外生违约风险问题，能够令海运物流公司获得更高的期望利润；质押率对进口商外生违约概率不敏感，而与出口商外生违约概率、信用额度呈显著的负相关关系；当违约惩罚系数在较小的数值范围内变化时，质押率的波动趋势并不明显；只有当违约惩罚系数足够大时，质押率才与其呈正相关关系。

因此，海运物流公司应该针对出口商的信用水平和以往的违约情况进行评估，对于已经设定了较高信用额度或违约风险较高的出口商，海运物流公司应当制定较低的质押率；反之，则应制定较高的质押率。同时，海运物流公司应关注出口商与进口商之间的违约惩罚问题，敦促进/出口双方设定有约束力的违约惩罚系数，并根据此违约惩罚系数的增大（或减小）来优化调高（或调低）其质押率，以提高利润并降低风险。

第七章

总结与展望

本书针对海运物流公司在出口海陆仓融资业务中的质押率优化问题，基于供应链系统全局优化理论、双重 Stackelberg 博弈原理和条件概率等原理，考虑了质押物市场需求与价格波动、出口商与进口商外生违约概率和出口商信用额度等因素，层层递进地构建了不同情况下的质押率优化模型，为海运物流公司科学合理地降低了质押物价值波动风险、融资企业（出口商）与海外合作企业（进口商）违约风险以及融资企业的信用风险。

一、研究总结

本书前两章主要针对出口海陆仓融资业务进行了理论性分析，为下文构建质押率系列优化模型奠定了理论基础。第三章针对需求波动下的出口海陆仓质押率进行了优化。随后，第四章针对价格波动下的出口海陆仓质押率进行了优化。接下来，第五章进一步考虑了需求与价格联动的情况，对价格服从几何布朗运动规律且与需求呈线性负相关关系下的出口海陆仓质押率进行优化。以上三章主要控制了质押物市场价值波动风险。第六章在继续考虑质押物价值波动风险的基础上，增加了中小企业信用风险和进/出口商双方违约风险对质押率优化的影响。全书采用逆向归纳法、解析法、数值逼近法等优化求解方法设计了求解步骤，并利用 Wolfram Mathematica、Matlab 等软件求解相关算例，从而得到相关结论，并提出具体的管理应用意义，为海运物流公司制定出口海陆仓融资优化决策提供科学、全面的参考。

具体研究内容、结论及管理应用意义总结如下：

第一，通过对需求波动情况下海运物流公司、出口商和进口商履约情形的分析，得出不同情形下三方各自的期望利润和供应链总利润，以总利润最大化为目标，利用逆向归纳法推导得到了最优质押率。研究结果表明，出口商交货提前期、进口商订货量、质押物市场价格和出口商原材料购买价格都与海运物流公司质押率呈负相关，而进口商进货价则与质押率呈正相关。因此，在需求不确定条件下，海运物流公司应根据不同的博弈策略，结合出/进口商购买和出售货物价格的变化，设定出合理的质押率，以提高供应链的整体利益。

第二，通过分析价格波动时海运物流公司在各种情形下的利润概率，构建了海运物流公司关于质押率的期望利润分段函数模型，以海运物流公司期望利润最大化为目标，利用解析法设计了最优质押率的求解步骤。研究结果表明，当贷款期初质押物市场价格较高时，海运物流公司只需设定较低的质押率即可得到较高的期望利润；出口商违约概率、还贷时间和融资服务费率都与质押率负相关，而质押物价格折扣则与质押率正相关。因此，当出口商有多次融资需求时，海运物流公司应密切关注每次贷款期初质押物价格的变化情况，根据价格的升高（或降低）来优化调低（或调高）其质押率；

当出口商违约概率上升、出口商还贷时间延长，或融资服务费率设定较高时，海运物流公司应制定出较低的合理质押率；反之，则制定出较高的合理质押率。同时，海运物流公司应针对以往处理剩余质押物时价格折扣的变化情况进行预测，根据价格折扣的增加（或减少）来优化调高（或调低）其质押率，以规避风险并提高利润。

第三，针对需求与价格联动下的出口海陆仓质押率优化问题，对价格服从几何布朗运动规律，且与需求呈线性负相关关系的海运物流公司利润概率进行分析，构建了海运物流公司关于质押率的期望利润分段函数模型，以海运物流公司期望利润最大化为目标，利用数值逼近法和解析法得到了最优质押率。研究结果表明，质押率与质押物价格负相关，与质押量正相关；海运物流公司期望利润与质押物价格正相关，随着质押量的增加，期望利润呈先上升后下降趋势。因此，当出口商有多次融资需求时，海运物流公司应密切关注每次贷款期初质押物价格和数量的变化情况，根据价格和质押量的升高（或降低）来优化调低（或调高）其质押率，或调整其给出口商的贷款本金，以获取最大利润。

第四，在第三、第四、第五章研究的基础上，针对质押物价值波动、中小企业信用和外生违约三重叠加风险，进一步考虑出口商有信用额度且出口商和进口商双方都存在一定违约概率情况下的质押率优化问题。基于双重 Stackelberg 博弈原理，以进口商、出口商和海运物流公司三方各自的期望利润最大化为目标，建立了进口商订货量与出口商货物价格联动模型，以及出口商货物价格与海运物流公司质押率联动模型，对最优质押率进行了推导，并采用逆向归纳法求解。研究结果表明，同时考虑进口商和出口商的外生违约风险问题，能够令海运物流公司获得更高的期望利润；质押率对进口商外生违约概率不敏感，而与出口商外生违约概率、信用额度呈显著负相关关系；当违约惩罚系数在较小的数值范围内变化时，质押率的波动趋势并不明显；只有当违约惩罚系数足够大时，质押率才与其呈正相关。因此，海运物流公司应该针对出口商的信用水平和以往的违约情况进行评估，对于已经设定了较高信用额度或违约风险较高的出口商，海运物流公司应当制定较低的质押率；反之，则应制定较高的质押率；同时，海运物流公司应敦促进/出口双方设定有约束力的违约惩罚系数，并根据此违约惩罚系数的增大（或减小）来优化调高（或调低）其质押率，以提高利润并降低风险。

综上可知，本书是关于出口海陆仓融资质押率优化的一系列研究，其研究内容具有连贯性，研究方法具有多样性，研究结论具有统一性，提出的管理应用意义具有实际可操作性，能够很好地为海运物流公司在出口海陆仓融资决策中提供科学、全面的参考，同时也丰富和完善了海陆仓融资业务下的质押率优化研究成果。

二、研究展望

需指出的是，在出口海陆仓融资业务中，质押物在运输过程中可能发生货损情况，银行可以据此为海运物流公司设定一个激励系数以减少货损。因此，今后可进一步研究考虑货损时的出口海陆仓融资优化决策问题。

此外，随着金融市场的放松，海运物流公司之间为融资服务而进行的竞争会不断增强，关于贷款利率的优化决策对海运物流公司而言也会变得越来越重要。因此，今后可进一步考虑出口海陆仓融资质押率与贷款利率同时优化的问题。

参考文献

[1] Abad P. L., Jaggi C. K. A joint approach for setting unit price and the length of the credit period for a seller when end demand is price sensitive [J]. International Journal of Production Economics, 2003, 83 (2): 115 - 122.

[2] Barnett W. What's in a name? A brief overview of asset - based lending [J]. Secured Lender, 1997 (53): 80 - 83.

[3] Berger A. N., Udell G. F. The economics of small business finance: The roles of private Equity and debt markets in the financial growth cycle [C]. Conference on the Economics of Small Business Finance. 1998: 613 - 673.

[4] Besanko D., Thakor A. V. Competitive equilibrium in the credit market under asymmetric information [J]. Journal of Economic Theory, 1987, 42 (1): 167 - 182.

[5] Boot A. W. A., Thakor A. V., Udell G. F. Secured lending and default risk: Equilibrium analysis, policy implications and empirical results [J]. Economic Journal, 1991 (101): 458 - 472.

[6] Brennan M. J., Schwartz E. S. Evaluating natural resource investments [J]. Journal of Business, 1985, 58 (2): 135 - 57.

[7] Burman R. W. Practical aspects of inventory and receivables fi-

nancing [J]. Law & Contemporary Problems, 1948, 13 (4): 555 - 565.

[8] Buzacott J. A., Zhang R. Q. Inventory management with asset - based financing [J]. Management Science, 2004 (50): 1274 - 1292.

[9] Caldentey R., Haugh M. B. Supply contracts with financial hedging [J]. Operations Research, 2009, 57 (1): 47 - 65.

[10] Chan Y. S., Thakor A. V. Collateral and competitive equilibria with moral hazard and private information [J]. Journal of Finance, 1987, 42 (2): 345 - 363.

[11] Chen J. X., Chen J. Y. The model of distributor chain financing based on buy back guarantee contract [J]. Journal of Applied Mathematics, 2014 (2014): 1 - 7.

[12] Chen S. Y., Murata T. Decision - making of supply chain finance, based on inventory financing procedure under default risk and market risk [C]. Proceedings of the International Multi - Conference of Engineers and Computer Scientists IMECS 2016, March 16 - 18, 2016, Hong Kong.

[13] Cossin D., Huang Z. J., Auron - Nerin D. and González F. A framework for collateral risk control determination [R]. Frankfort: European Central Bank, 2003: 1 - 47.

[14] Das R., Hanaoka S. Relief inventory modelling with stochastic lead - time and demand [J]. European Journal of Operational Research, 2014, 235 (3): 616 - 623.

[15] Duan W. C. A rapid decision - making model in supply chain finance emergency based on GDSS [C]. Second International Symposium on Information Science and Engineering. IEEE, 2010: 539 - 543.

[16] Dunham A. Inventory and accounts receivable financing [J].

Harvard Law Review, 1949, 62 (4): 588 -615.

[17] Eisenstadt M. A finance company's approach to warehouse receipt loans [J]. New York Certified Public Accountant, 1966 (36): 661 -670.

[18] Friedman D. M. Field warehousing [J]. Columbia Law Review, 1942, 42 (6): 991 -1013.

[19] Frye J., Ashley L., Bliss R., et al. Collateral damage: A source of systematic credit risk [R]. Risk, 2000: 1 -14.

[20] Gan X., Sethi S. P., Yan H. Channel coordination with a risk - Neutral supplier and a downside - risk - averse retailer [J]. Production & Operations Management, 2008, 14 (1): 80 -89.

[21] Guttentag J. Mortgage warehousing [J]. Journal of Finance, 1957, 12 (4): 438 -450.

[22] Guney Y., Karpuz A., Ozkan N. R&D investments and credit lines [J]. Journal of Corporate Finance, 2017 (46): 261 -283.

[23] He J., Wang J., Jiang X., et al. The long - term extreme price risk measure of portfolio in inventory financing: An application to dynamic impawn rate interval [J]. Complexity, 2015, 20 (5): 17 -34.

[24] Hu H. Y., Zhang Z. J., Zhou W. L. Inventory financing under stochastic demand and order decisions [J]. Journal of Interdisciplinary Mathematics, 2015, 18 (1 -2): 179 -196.

[25] Jokivuolle E., Peura S. Incorporating collateral value uncertainty in loss given default estimates and loan - to - value ratios [J]. European Financial Management, 2003, 9 (3): 299 -314.

[26] Koch A. R. Economic aspects of inventory and receivables financing [J]. Law & Contemporary Problems, 1948, 13 (4): 566 -578.

[27] Kong Y. Y. , Li S. , Wang H. S. , et al. Supply chain finance performance based on system dynamics [C] . International Conference on Information Science and Engineering. IEEE, 2011: 6211 -6214.

[28] Lacroix R. , Varangis P. Using warehouse receipts in developing and transition economies [J] . Finance & Development, 1996 (1): 36 -39.

[29] Lai G. M. , Laurens G. , Deboa K. S. Sharing inventory risk in supply chain: The implication of financial constraint [J] . Omega, 2009 (37): 811 -825.

[30] Lee C. H. , Rhee B. D. Coordination contracts in the presence of positive inventory financing costs [J] . International journal of production economics, 2010, 124 (2): 331 -339.

[31] Liao Z. , Yu X. , Xu J. Criticality analysis on value - at - risk model of loan - to - value ratios decision in inventory financing of supply chain finance [J] . Open Access Library Journal, 2015, 2 (12): 1 -17.

[32] Lu Z. H, Dai Q. L. , Chen X. D. An analysis on logistics finance based on third party logistics and the financing model [C] . International Conference on Management and Service Science. IEEE, 2009: 1 -5.

[33] Dada M. , Hu Q. H. Financing newsvendor inventory [J] . Operation Research Letters, 2008, 36 (4): 569 -573.

[34] McCardle K. F. , Smith J. E. Valuing oil properties: Integrating option pricing and decision analysis approaches [J] . Operations Research, 1998, 46 (2): 198 -217.

[35] Miller R. A. MAS consultant ' s role asset - based financing [J] . The CPA Journal, 1982 (52): 24 -29.

[36] O' Keeffe J. M. , Cummins V. , Devoy R. J. N. , et al. Stake-

holder awareness of climate adaptation in the commercial seaport sector: A case study from Ireland [J]. Marine Policy, 2016: 1-9.

[37] Raghavan N. R. S., Mishra V. K. Short-term financing in a cash-constrained supply chain [J]. International Journal of Production Economics, 2011, 134 (2): 407-412.

[38] Raluca C. A., Mihai P. D., Roxana V. D. The perspectives of maritime transport in EU and its integration in the supply chain management [J]. Annals of the University of Oradea: Economic Science, 2010, 1 (2): 82-87.

[39] Seifert R. W., Seifert D. Financing the chain [J]. International Commerce Review, 2011, 10 (1): 32-44.

[40] Song Y., Ray S., Li S. Structural properties of buyback contracts for price-setting newsvendors [J]. Manufacturing & Service Operations Management, 2008, 10 (1): 1-18.

[41] Xu J. Y., Fu K. Optimal single-period inventory financing decisions with stochastic demand [C]. IEEE International Conference on Industrial Engineering and Engineering Management. IEEE, 2010: 1204-1208.

[42] Xu P., Li H., Wang Y., et al. Credit contract between bank and third-party logistics firm in inventory financing in China [C]. Second International Conference on Business Computing and Global Informatization. IEEE, 2012: 78-82.

[43] Yan N. N., Sun B. W. Coordinating loan strategies for supply chain financing with limited credit [J]. Operation Research Spectrum, 2013, 35 (4): 1039-1058.

[44] Ye L. He J. Construction of phase-based interest rate model in the inventory impawn financing [J]. Hebei Journal of Industrial Science &

Technology, 2014, 31 (2): 100 - 105.

[45] Zhang H., Meng W., Wang X., et al. Application of BSDE in standard inventory financing loan [J]. Discrete Dynamics in Nature and Society, 2017, 2017 (12): 1 - 6.

[46] Zhang R. Q., Cheng X., Yang L. Q. Energy management framework for electric vehicles in the smart grid: A three - party game [J]. IEEE Communications Magazine, 2016, 54 (12): 93 - 101.

[47] 白世贞, 徐娜. 基于存货质押融资的质押率决策研究 [J]. 系统工程学报, 2013, 28 (5): 617 - 624.

[48] 柴正猛, 段黎黎. 考虑资金约束的存货质押融资最优策略 [J]. 工业工程, 2017, 20 (1): 44 - 50.

[49] 陈宝峰, 冯耕中, 李毅学. 存货质押融资业务的价值风险度量 [J]. 系统工程, 2007, 25 (10): 21 - 26.

[50] 陈淮. 关于物资银行的设想 [J]. 中国工业经济, 1987 (3): 75 - 76.

[51] 陈克贵, 王新宇, 黄敏等. 两种需求模式下过度自信零售商的最优定价和订货联合决策 [J]. 控制与决策, 2018, 33 (1): 101 - 110.

[52] 陈祥锋, 朱道立, 应雯珺. 资金约束与供应链中的融资和运营综合决策研究 [J]. 管理科学学报, 2008, 11 (3): 70 - 77.

[53] 陈云, 刘喜, 杨琴. 基于清算延迟和流动性风险的供应链存货质押率研究 [J]. 管理评论, 2015, 27 (4): 197 - 208.

[54] 程帆. 季节性存货质押融资合作模式分析 [J]. 中国管理科学, 2016 (S1): 439 - 447.

[55] 樊园, 黄伟伟, 柳华等. Matlab 中几种数值积分函数的分析与比较 [J]. 信息系统工程, 2013 (10): 158 - 159.

［56］范方志，苏国强，王晓彦．供应链金融模式下中小企业信用风险评价及其风险管理研究［J］．中央财经大学学报，2017（12）：34－43.

［57］方磊，夏雨，杨月明．考虑零售商销售努力的供应链融资决策均衡［J］．系统工程理论与实践，2018，38（1）：135－144.

［58］方伟磊．浅析我国物流金融业务运作模式及盈利模式［J］．物流工程与管理，2016，38（3）：104－105.

［59］耿娜．政治关联、管理者内部地位与企业流动性风险水平——基于民营企业的实证分析［J］．财会月刊，2017（18）：42－46.

［60］何娟，蒋祥林，王建．不完全信息下存货质押业务中参与多方博弈行为分析［J］．华东经济管理，2012，26（12）：105－109.

［61］何娟，蒋祥林，朱道立．供应链融资业务中钢材质押贷款动态质押率设定的 VaR 方法［J］．管理工程学报，2012，26（3）：129－135.

［62］胡洋．高速铁路列车加开方案经济效益博弈分析［J］．物流科技，2017，40（3）：81－83.

［63］江玮璠，易东波，吴容等．多批次存货质押融资下的库存管理［J］．系统工程，2015（1）：122－127.

［64］江玮璠，万冰蓉．基于多品种的存货质押库存管理模型［J］．数学的实践与认识，2017，47（21）：74－81.

［65］蒋曼曼．供应链金融视角下企业信用风险评价研究［J］．经营与管理，2017（2）：140－142.

［66］金伟，骆建文．考虑风险规避的资金约束供应链最优信用契约设计［J］．中国管理科学，2018，26（1）：35－46.

［67］金武，王浣尘，董小洪．银行的信贷决策机制（一）——信

贷市场为不完全竞争情形［J］．系统工程学报，1996（2）：52－58.

［68］金武，王浣尘．银行的信贷决策机制（二）——信贷市场为完全竞争情形［J］．系统工程学报，1996（2）：59－65.

［69］匡海波，张一凡，张连如．低碳港口物流质押贷款组合优化决策模型［J］．系统工程理论与实践，2014，34（6）：1468－1479.

［70］李超，巫丹．考虑销售努力水平的存货质押融资决策［J］．工业工程，2016，19（1）：115－121.

［71］李富昌，王桦．基于存货选择决策的存货质押率模型［J］．中国流通经济，2016（1）：114－121.

［72］李健，王雅洁，吴军等．考虑声誉效应的存货质押融资中银行对物流企业的激励机制研究［J］．中国管理科学，2017，25（7）：86－92.

［73］李建军，朱烨辰．基于ERP的供应链金融操作模式分析［J］．经济问题，2015（3）：47－50.

［74］李声锋，董毅．大学数学实验——基于Mathematica软件平台［M］．上海：上海交通大学出版社，2015：1－28.

［75］李毅学，徐渝，冯耕中．国内外存货质押融资业务演化过程研究［J］．经济与管理研究，2007（3）：22－26.

［76］李毅学，汪寿阳，冯耕中．物流金融中季节性存货质押融资质押率决策［J］．管理科学学报，2011，14（11）：19－32.

［77］李毅学，冯耕中，张媛媛．委托监管下存货质押融资的关键风险控制指标［J］．系统工程理论与实践，2011，31（4）：587－598.

［78］李毅学，冯耕中，徐渝．价格随机波动下存货质押融资业务质押率研究［J］．系统工程理论与实践，2007，27（1）：42－48.

［79］廖宇智．航运业的金融“风口”［N］．中国水运报，2018－02－25.

［80］廖鑫凯，赵波．借力中远平台资源助推“海陆仓”业务［J］．中国远洋海运，2011（8）：70－72.

［81］廖鑫凯，赵波，许仲生．“出口海陆仓”供应链融资模式探析［J］．青岛远洋船员职业学院学报，2012，33（1）：30－34.

［82］刘妍，安智宇．考虑流动性风险的存货质押融资质押率的设定［J］．中国管理科学，2014（S1）：324－328.

［83］刘研，孙杰宝．最优化方法及其MATLAB程序设计［M］．哈尔滨：哈尔滨工业大学出版社，2016：91.

［84］刘艳春，崔永生．供应链金融下中小企业信用风险评价——基于SEM和灰色关联度模型［J］．技术经济与管理研究，2016（12）：14－19.

［85］刘衍民，曾庆雨．MATLAB仿真应用——高等数学［M］．西安：西安电子科技大学出版社，2017：1.

［86］鲁其辉，曾利飞，包兴．基于Stackelberg博弈的供应链采购融资模式［J］．控制与决策，2014（10）：1907－1913.

［87］鲁其辉，姚佳希，周伟华．基于EOQ模型的存货质押融资业务模式选择研究［J］．中国管理科学，2016，24（1）：56－66.

［88］罗齐，朱道立，陈伯铭．第三方物流服务创新：融通仓及其运作模式初探［J］．中国流通经济，2002，16（2）：11－14.

［89］罗云峰．博弈论教程［M］．北京：清华大学出版社，北京交通大学出版社，2007：3，175.

［90］牛似虎，方继华，苏明政．基于供应链金融的中小企业绩效评价与实证［J］．统计与决策，2017（1）：64－66.

［91］潘娅媚．物联网技术对供应链金融业务的影响与对策［J］．山东社会科学，2017（6）：130－134.

［92］潘天群．博弈论中理性人假设的困境［J］．经济学家，2003，4（4）：99－104.

［93］潘意志，袁澄清，潘志明．海陆仓质押融资贷款模式若干问题分析［J］．港口经济，2013（3）：13－17.

［94］潘永明，倪峰．考虑质物耗损的银行存货质押融资决策研究［J］．运筹与管理，2015，24（6）：233－241.

［95］潘永明，李紫薇．统一授信模式下物流企业存货质押融资业务风险分析［J］．价值工程，2015（22）：73－74.

［96］申光龙，秦鹏飞，柳志中等．基于D－S证据理论的存货质押融资质押率决策［J］．物流技术，2017，36（7）：92－96.

［97］申培萍．全局优化方法［M］．北京：科学出版社，2006：18.

［98］盛巧玲，吴炎太．基于层次分析法的供应链存货质押融资风险模糊综合评价［J］．科技管理研究，2012，32（11）：52－57.

［99］宋华，卢强．什么样的中小企业能够从供应链金融中获益？——基于网络和能力的视角［J］．管理世界，2017（6）：104－121.

［100］孙海雷，王勇，陈晓旭等．随机需求下基于存货质押融资的项目投资决策［J］．系统工程学报，2016，31（2）：227－233.

［101］孙喜梅，赵国坤．考虑供应链信用水平的存货质押率研究［J］．中国管理科学，2015，23（7）：77－84.

［102］陶政旭，周根贵．统一授信存货质押模式中物流企业与融资企业的演化博弈分析［J］．金融理论与实践，2016（11）：55－58.

［103］谈之奕，林凌．组合优化与博弈论［M］．杭州：浙江大学出版社，2015：16.

［104］涂川，冯耕中，高杰．物流企业参与下的动产质押融资［J］．预测，2004，23（5）：68－70.

[105] 王功荣，曾诚，胡正伟．航运企业在“海陆仓”融资方式中的法律风险及防范［J］．中国海商法研究，2013，3（24）：109-115.

[106] 王建，何娟．考虑外部系统性风险因素的供应链金融长期价格风险测度研究［J］．金融经济学研究，2016（4）：47-59.

[107] 王美英．港口物流企业开展物流金融服务模式探析［J］．物流科技，2014，37（6）：67-71.

[108] 王文利，骆建文，张钦红．银行风险控制下的供应链订单融资策略研究［J］．中国管理科学，2013，21（3）：71-78.

[109] 王晓东，李文兴．供应链金融研究综述与展望——基于产业与金融互动机理［J］．技术经济与管理研究，2015（7）：100-103.

[110] 王宜举，修乃华．非线性最优化理论与方法（第二版）［M］．北京：科学出版社，2015：4.

[111] 王滋承，周咏，杨华龙．出口海陆仓融资质押率优化［J］．中国管理科学，2017，25（10）：20-30.

[112] 王滋承，杨华龙．质押物价格波动的出口海陆仓融资优化［J］．大连海事大学学报，2017，43（4）：46-51.

[113] 王滋承，杨华龙，周咏．价格呈几何布朗运动规律的出口海陆仓质押率优化［J］．系统工程理论与实践，2017，37（10）：2571-2581.

[114] 汪金秋．海陆仓融资模式物流金融业务的应用研究——以中海集团物流湖北有限公司为例［D］．华中科技大学，2015.

[115] 温源，叶青．基于自偿性贸易融资的银行—企业博弈分析［J］．中国软科学，2011（10）：54-60.

[116] 翁连贵，吴钦宽．高等数学（下册）［M］．北京：高等教育出版社，2016：50-80.

［117］夏爱生，刘俊峰．数学建模与 MATLAB 应用［M］．北京：北京理工大学出版社，2016：205－206.

［118］夏华，陈中基，刘军．客户综合授信额度测算研究——以中部 Z 银行为例［J］．金融理论与实践，2018（1）：40－45.

［119］许遵武．后金融危机时期国际航运企业信用风险分析与管理［J］．管理世界，2014（6）：1－8.

［120］徐鹏，王勇．存货质押融资业务下的经济订货批量模型［J］．系统工程理论与实践，2011，31（11）：2077－2087.

［121］熊熊，马佳，赵文杰，王小琰，张今．供应链金融模式下的信用风险评价［J］．南开管理评论，2009，12（4）：92－98.

［122］晏妮娜，孙宝文．考虑授信额度的仓单质押融资模式下供应链金融最优策略［J］．系统工程理论与实践，2011，31（9）：1674－1679.

［123］严飞，汪传旭．海陆仓融资模式下海运物流公司质押率优化［J］．上海海事大学学报，2010，1（31）：47－55.

［124］严飞，汪传旭．货价呈现布朗运动规律的海陆仓融资收支利率优化研究［J］．复旦学报（自然科学版），2011，1（50）：114－120.

［125］杨智元．证券价格按几何布朗运动变化的微观解释［J］．数学的实践与认识，2003，33（3）：52－55.

［126］杨忠振，郭利泉．中国对外贸易的海运可达性评价［J］．经济地理，2016，36（1）：97－104.

［127］杨斌，朱未名，赵海英．供应商主导型的供应链金融模式研究［J］．金融研究，2016（12）：175－190.

［128］叶飞，李怡娜．基于 Stackelberg 模型与 Nash 协商模型的供应链回购契约机制研究［J］．管理工程学报，2007，21（3）：39－43.

［129］易雪辉，周宗放．双重 Stackelberg 博弈的存货质押融资银行信贷决策机制［J］．系统工程，2011（12）：1－6.

［130］易雪辉，周宗放．基于供应链金融的银行贷款价值比研究［J］．中国管理科学，2012，21（1）：102－108.

［131］于辉，甄学平．中小企业仓单质押业务的质押率模型［J］．中国管理科学，2010，18（6）：104－112.

［132］于萍，徐渝，冯耕中．物流金融业务的创新［J］．统计与决策，2008（13）：173－175.

［133］余家林，朱倩军．大学数学概率论及试验统计（第三版）［M］．北京：高等教育出版社，2009：20.

［134］张璟．存货质押融资中银行与物流企业的演化博弈分析［J］．金融理论与实践，2015（4）：115－118.

［135］张国兴，刘鹏．CERs 收益权质押融资业务的质押率模型［J］．管理评论，2012，24（2）：59－64.

［136］张钦红，赵泉午．需求随机时的存货质押贷款质押率决策研究［J］．中国管理科学，2010，18（5）：21－27.

［137］郑红明．基于产业链视角下的跨境电商对我国进出口贸易影响分析［J］．价格月刊，2016（5）：45－49.

［138］朱国军，许长新．完全市场模式下银行专利质押融资质押率决策模型研究［J］．科研管理，2012，33（12）：117－125.

［139］朱文贵，朱道立，徐最．延迟支付方式下的存货质押融资服务定价模型［J］．系统工程理论与实践，2007，27（12）：1－7.

［140］赵雪．以动态库存管理为基础的物流存货质押融资分析［J］．物流技术，2014（8）：237－239.

［141］曾庆先．金融危机下新型航运物流金融研究——海陆仓融资模式下的优化研究［J］．城市建设理论研究：电子版，2015（29）：759－761.

［142］周咏，胡艳梅，杨华龙，王滋承．价格和需求不确定下存货融资质押率优化研究［J］．系统工程学报，2018，33（1）：34－43.

后 记

时光荏苒，白驹过隙，本书的编撰工作接近尾声，回想曾经的种种经历，内心百感交集。在本书的编撰过程中，不但获得了行业内相关专家、学者的无私帮助，更是得到了来自导师、同学和家人的诸多关心，实属获益良多，在此想对他们表示衷心的感谢！

首先，感谢我的导师杨华龙教授。杨老师从本书的选题到写作过程中的不断修改直至最后书稿的成型，都给予了我莫大的帮助和耐心的指导，提出了诸多宝贵的建议。每当我的研究遇到瓶颈之时，杨老师都会及时为我找到解决思路、指引我正确的研究方向。杨老师的教诲令我明白，做学问不是一蹴而就的，而是需要恒久的毅力和专注力，恩师的学术修养和师风师德将是我永远瞻仰和学习的榜样。

其次，感谢同门的师弟师妹、学长学姐，在本书撰写过程中带给了我无私的帮助与鼓励。我们一起探讨科研、并肩作战、攻克难关，大家热情乐观、积极向上的心态以及严谨的科学态度都深深地感染了我，让我的学术生活也变得丰富多彩。攻坚莫畏难，只要肯登攀，在这次难关与坚持并存的研究过程中，谨此向关心和帮助过我的同学表达我最诚挚的感谢！

最后，感谢我的各位家庭成员。我的父母给了我不求回报的关怀与爱，是他们的包容和理解支持着我在科研道路上不断前行，让我没有任何后顾之忧。其他亲人也尽可能地对我的父母和远在学校的我给予了生活上的帮助与心理上的鼓励，对此我的内心始终满怀感激。

在今后的人生旅途上，我将秉承“学汇百川，德济四海”的求学与育人理念，将所学知识和培养的学术能力应用到科研教学工作岗位，坚持德智育人，为社会进步贡献自己的一份力量。

王滋承

2019 年 6 月 13 日